Investigadores de reconhecido mérito, nos mais diversos campos do pensamento filosófico, contribuem, com o seu trabalho, para transmitir ao leitor, especialista ou não, o saber que encerra a Filosofia.

As Andanças
de Cândido

TÍTULO ORIGINAL
As Andanças de Cândido.
Introdução ao Pensamento Político do Século XX

© Miguel Nogueira de Brito e Edições 70, Lda.

DESIGN DE CAPA
FBA

DEPÓSITO LEGAL Nº 299163/09

Biblioteca Nacional de Portugal - Catalogação na Publicação

BRITO, Miguel Nogueira de
As andanças de Cândido: Introdução ao pensamento
político do século XX. (O Saber da Filosofia)
ISBN 978-972-44-1588-8

CDU 321

PAGINAÇÃO, IMPRESSÃO E ACABAMENTO
PAPELMUNDE
para
EDIÇÕES 70, LDA.
Setembro de 2009

Direitos reservados para Portugal por
EDIÇÕES 70

EDIÇÕES 70, Lda.
Rua Luciano Cordeiro, 123 – 1º Esqº
1069-157 Lisboa / Portugal
Telefs.: 213190240 – Fax: 213190249
e-mail: geral@edicoes70.pt

www.edicoes70.pt

Esta obra está protegida pela lei. Não pode ser reproduzida,
no todo ou em parte, qualquer que seja o modo utilizado,
incluindo fotocópia e xerocópia, sem prévia autorização do Editor.
Qualquer transgressão à lei dos Direitos de Autor será passível
de procedimento judicial.

As Andanças
de Cândido
Introdução
ao Pensamento
Político
do Século XX
Miguel Nogueira
de Brito

Introdução

As páginas que seguem têm a sua origem em aulas proferidas na Faculdade de Direito de Lisboa em 2008. A concentração num único semestre de uma matéria tão vasta e heterogénea quanto o pensamento político do século XX apenas pode ter uma justificação pedagógica: não se procurou expor, nem mesmo nas suas linhas gerais, o pensamento de todos os autores mais importantes do século XX, mas apenas dar uma visão panorâmica da riqueza e diversidade desse pensamento, concretizado em escolhas por vezes arbitrárias do agora autor.

Não pretendo justificar as omissões, embora algumas delas devam aqui ser assinaladas. Assim, entre os libertários (entendida a expressão no seu sentido amplo de defensores do Estado mínimo, e mesmo sem abranger os libertaristas de esquerda) caberia certamente expor o pensamento de autores como James M. Buchanan, F. A. Hayek e Anthony de Jasay, já para não falar de Ayn Rand, Murray N. Rothbard ou David Friedman. Entre os pensadores de inspiração marxiana importaria tratar C. B. Macpherson, G. A. Cohen ou John Roemer, ou, noutro contexto, Guy Debord e Louis Althusser, para além de pensadores mais

8 | INTRODUÇÃO AO PENSAMENTO POLÍTICO DO SÉCULO XX

recuados no correr do século como Rosa Luxemburgo, Eduard Bernstein ou mesmo Walter Benjamin. No contexto do projecto do liberalismo igualitário, mereceria, sem dúvida, tratamento o pensamento de Brian Barry e de Amartya Sen. Por seu turno, qualquer breve referência ao pensamento conservador da crítica da modernidade terá de ser considerada incompleta sem uma exposição do pensamento de Carl Schmitt e Michael Oakeshott. Às teorias feministas da política coube também um tratamento que terá de ser considerado exíguo, pelo menos. Acredito, no entanto, que estas, e certamente muitas outras, omissões não sobrepujam o interesse da publicação, se com esta se visa apenas, como é o caso, despertar o interesse pelas ideias políticas.

Cumprida a advertência, importa aqui incluir algumas referências bibliográficas que poderão ser úteis ao leitor. A primeira diz respeito a uma obra que aconselhei aos alunos (e a mim mesmo, que aproveitei para a reler) como livro de acompanhamento das aulas. Trata-se da obra de Steven Lukes com o título O *Curioso Iluminismo do Professor Caritat: Uma Comédia de Ideias*[1]. O livro trata das andanças de um professor universitário, Nicholas Caritat, que, a partir de Militária, o estado autocrático onde vive, percorre sucessivamente Utilitária, Libertária, Comunitária e Igualitária, países que se organizam segundo algumas das ideias que aqui vão ser abordadas, ideias essas que, como não poderia deixar de ser, se mostram insuportáveis quando adoptadas em bloco e vividas até às últimas consequências. A alegoria brilhantemente montada por Steven Lukes traz também ecos de dois grandes autores da modernidade: Voltaire (1694-1778) e Condorcet (1743-1794). O primeiro,

---

[1] Tradução do original inglês com o título *The Curious Enlightment of Professor Caritat: A Comedy of Ideas* (Verso, 1995) de Teresa Curvelo, Lisboa, Gradiva, 1996.

INTRODUÇÃO | 9

porque a viagem de Caritat não deixa de evocar as andanças de Cândido. De facto, Caritat viaja, com a missão de encontrar uma forma de vida que dê esperança ao povo de Militária, sob o nome falso de Pangloss, o incorrigível optimista que procura sempre encarar à melhor luz possível (Voltaire tinha em vista o pensamento de Leibniz) os desvairados sucessos que acontecem às personagens do romance, incluindo ele próprio[2]. Simplesmente, enquanto Cândido inicia as suas tribuladas viagens a partir da expulsão do «*mais belo e agradável dos castelos possíveis*», isto é, o castelo do barão de Thunder-ten-tronck, Caritat inicia as suas fugindo da ditadura de Militária.

O próprio nome da principal personagem do romance de Lukes evoca Jean-Antoine-Nicolas Caritat, marquês de Condorcet, uma das mais emblemáticas figuras do Iluminismo e cuja vida constitui a melhor ilustração da «*natureza misteriosamente filosófica da Revolução Francesa*», como afirmou François Furet[3]. Personagem reconhecida no *Ancien Régime*, tomou parte activa na Revolução; com importantes trabalhos no domínio da matemática, tornou-se um dos principais teóricos da democracia moderna. A sua obra porventura mais conhecida, o *Esquisse d'un Tableau Historique des Progrès de l'Esprit Humain*, em que defende a estreita conexão entre o progresso científico e o desenvolvimento dos direitos humanos e da justiça no quadro da ideia de um constante aperfeiçoamento do ser humano, foi escrita na clandestinidade e publicada postumamente, em 1795, um ano após a sua morte, ocorrida em pleno período do Ter-

---

[2] Cfr. Voltaire, *Cândido, ou O Optimismo*, tradução notas e posfácio de Rui Tavares, ilustrações de Vera Tavares, Tinta-da-China, Lisboa, MMVI (tradução do original de Voltaire, *Candide, ou l'optimisme*, de 1759).

[3] Cfr. François Furet, «Présentation», in K. M. Baker, *Condorcet: Raison et Politique*, Hermann, Paris, 1988 (tradução do original em língua inglesa, de 1975), p. vii.

10 | INTRODUÇÃO AO PENSAMENTO POLÍTICO DO SÉCULO XX

ror, na prisão e em circunstâncias não totalmente esclareci-
das, embora se acredite que se tenha suicidado para evitar
a execução capital[4].

Pois bem, no final de *O Curioso Iluminismo do Professor
Caritat*, este último, ao escrever uma das suas cartas àqueles
que o haviam enviado à procura da forma de vida ideal,
medita sobre Condorcet e a frase que fecha a obra mais
optimista do Iluminismo, justamente o *Esquisse d'un Tableau
Historique des Progrès de l'Esprit Humain*, em que a contem-
plação do futuro surge como a consolação do filósofo. E
é então que Caritat encontra um mocho de Minerva que
atribui um sentido, até então por si nunca pensado, à conhecida frase de Condorcet: «*a natureza liga, por uma cadeia
indissolúvel a verdade, a felicidade e a virtude*»[5]. A frase não
seria apenas a expressão dos perigos do optimismo iluminista, da busca da perfeição, que afinal conduziu à ditadura
da virtude que vitimou o próprio Condorcet. Mais do isso, a
cadeia indissolúvel deve alertar-nos para a ideia simples de
que, sempre que se persegue um ideal, é desastroso perder
de vista todos os outros[6].

Por último, gostaria ainda de deixar aqui, logo de início,
algumas obras de que os leitores poderão tirar proveito so-

---

[4] Cfr. Elisabeth Badinter e Robert Badinter, *Condorcet (1743-
1794). Un Intellectuel en Politique*, nouvelle edition revue et aug-
mentée, Fayard, 1988, pp. 628 e ss.

[5] Cfr. Condorcet, *Esquisse d'un Tableau Historique des Progrès
de l'Esprit Humain suivie de Fragment sur l'Atlantide*, introduction,
chronologie et bibliographie par Alain Pons, Flammarion, Paris,
1988, p. 286.

[6] Cfr. S. Lukes, *O Curioso Iluminismo do Professor Caritat*, cit.,
pp. 244-246. É impossível não encontrar neste modo de ver ecos
do pensamento de Isaiah Berlin (outos dos grandes ausentes do
presente estudo), que aliás cita Condorcet precisamente neste
contexto (isto é, no contexto da tese, defendida por Berlin, do
pluralismo de valores): cf. Isaiah Berlin, *Liberty*, edited by Henry
Hardy, Oxford University Press, Oxford, 2002, pp. 212-213.

INTRODUÇÃO | 11

bre as matérias adiante versadas, numa perspectiva de conjunto, e de que, aliás, me servi na estruturação das lições: Will Kymlicka, *Contemporary Political Philosophy: An Introduction*, Clarendon Press, Oxford, 1990; Jonathan Wolff, *An Introduction to Political Philosophy*, Oxford University Press, Oxford, 1996; Stephen Mulhall e Adam Swift, *Liberals and Communitarians*, 2.ª ed., Balckwell, Oxford, 1996; Michael H. Lessnoff, *Political Philosophers of the Twentieth Century*, Blackwell, Oxford, 1999; Alain Renaut (dir.), *Histoire de la Philosophie Politique, Tome V – Les Philosophies Politiques Contemporaines (depuis 1945)*, Calmann-Lévy, Paris, 1999; John Christman, *Social and Political Philosophy: A Contemporary Introduction*, Routledge, Londres e Nova Iorque, 2002; João Cardoso Rosas (org.), *Manual de Filosofia Política*, Almedina, Coimbra, 2008; João Carlos Espada e João Cardoso Rosas, *Pensamento Político Contemporâneo: Uma Introdução*, Bertrand Editora, Chiado, 2004.

Lisboa, 2 de Fevereiro de 2009

MIGUEL NOGUEIRA DE BRITO

Parte I

O horizonte: o utilitarismo e o pensamento de Marx

Capítulo I

O utilitarismo

As grandes linhas de força do pensamento político na passagem do século XIX para o século XX

O tema de que me vou ocupar nas páginas subsequentes consiste no pensamento político da actualidade, quer dizer, o pensamento político do século XX. A compreensão desse pensamento pressupõe, como ponto de partida, uma referência às grandes linhas de força que vêm de trás. Consideremos três dessas linhas de força: o utilitarismo, o pensamento de Marx e o contratualismo. Todas estas correntes de pensamento estão presentes na actualidade, mas enquanto o utilitarismo e o pensamento de Marx adquirem a sua máxima expressão no século XIX (ou na transição do século XVIII para o século XIX), o contratualismo, que podemos identificar como a expressão da modernidade no pensamento político, é praticamente esquecido nesse mesmo século e, em bom rigor, apenas é ressuscitado já bem dentro do século XX, através de John Rawls. Pelo contrá-

16 | INTRODUÇÃO AO PENSAMENTO POLÍTICO DO SÉCULO XX

rio, o utilitarismo e o pensamento de Marx constituem o horizonte em que se movem todas as elaborações teóricas posteriores sobre a política, as grandes correntes de pensamento a que todas essas elaborações têm de prestar contas ou contra as quais se revoltam.

Atractivos do utilitarismo enquanto teoria política da moral: secularismo, consequencialismo e construtivismo

Comecemos, pois, pelo utilitarismo. Na sua formulação mais simples, o utilitarismo é uma teoria moral que sustenta que os actos moralmente devidos são aqueles que produzem a maior felicidade para os membros de uma sociedade. Na perspectiva que nos interessa, é claro, relevam sobretudo as *políticas* que produzam a maior felicidade para os membros de uma sociedade. Como se vê por esta formulação, o utilitarismo pode ser entendido como uma teoria moral abrangente (no sentido de Rawls, isto é, uma teoria que aplica o princípio da utilidade, seja como for formulado, a todos os tipos de objectos, desde a conduta dos indivíduos e as relações pessoais à organização da sociedade como um todo, bem como às relações internacionais) ([7]), embora o nosso interesse consista essencialmente na sua consideração como uma teoria política da moral.

São três as características do utilitarismo que fizeram dele uma teoria política da moral apelativa. (*i*) Antes de mais, o objectivo, isto é, a felicidade, que os utilitaristas procuram promover não depende da existência de Deus, da alma, ou de qualquer outra entidade «metafísica». Quer sejamos ou

---

([7]) Cf. Rawls, *O Liberalismo Político*, tradução de João Sedas Nunes, Editorial Presença, Lisboa, 1996, pp. 41 e 251 [Cf. *Political Liberalism*, Columbia University Press, Nova Iorque, 1993 e 1996, pp. 13 e 260].

não criaturas de Deus, quer tenhamos ou não uma alma e sejamos dotados de livre-arbítrio, todos podemos, sem dúvida, sofrer e ter prazer, ser infelizes ou felizes. (*ii*) Uma segunda característica apelativa do utilitarismo consiste no consequencialismo, que exige que qualquer acto ou política a adoptar tenha como consequência algum bem identificável. E, simetricamente, não podemos considerar que um determinado acto ou prática (a homossexualidade, o jogo, a prostituição) seja moralmente condenável se não formos capazes de identificar consequências negativas que dele resultem. O consequencialismo permite assim resolver as questões morais diminuindo o recurso a subterfúgios e de forma directa. (*iii*) A terceira característica, relacionada com as anteriores e de algum modo subjacente a elas, que faz do utilitarismo uma teoria atraente consiste no modo como se propõe erigir princípios práticos para a resolução de problemas morais a partir de procedimentos.

O problema que se coloca, naturalmente, é o de saber se estes atractivos do utilitarismo são exclusivos dele, já para não falar da questão de saber se constituem razões para nos fazer preferir uma teoria moral em vez de outra. Na verdade, os traços apontados ajudam a explicar a extraordinária difusão e o sucesso do utilitarismo, mas não nos evidenciam os seus princípios estruturantes. E, em última análise, é com base nos méritos destes que a teoria deve ser avaliada.

Não podemos, pois, ajuizar o utilitarismo com base apenas nestes atractivos. Temos de analisar a teoria. Para isso, é conveniente dividi-la em duas partes: o utilitarismo enquanto descrição do bem-estar humano, ou utilidade; o utilitarismo enquanto mandado de maximização da utilidade, seja como for definida, dando o mesmo peso à utilidade de cada pessoa[8].

---

[8]   Cf. Will Kymlicka, *Contemporary Political Philosophy: An Introduction*, Clarendon Press, Oxford, p. 12, que segui, por vezes de perto, na estruturação da exposição subsequente do utilitarismo.

18 | INTRODUÇÃO AO PENSAMENTO POLÍTICO DO SÉCULO XX

Definições de utilidade

É possível identificar pelo menos quatro propostas para definir o que seja utilidade, ou o bem-estar das pessoas. De acordo com a primeira dessas propostas, e talvez a mais influente, o bem-estar consiste na experiência ou sensação de prazer. Segundo Bentham (1748-1832), o principal fundador da teoria, o jogo do galo é tão bom como a poesia (*push-pin is as good as poetry*), se der a mesma intensidade e duração de prazer[9].

Esta afirmação é motivo de perplexidade enquanto explicação dos motivos por que preferimos algumas actividades em relação a outras. Por um lado, todos sabemos que a escrita da poesia é uma experiência penosa e frustrante para os poetas, que não deixam de considerá-la, por isso, uma experiência valiosa. Mesmo para os leitores, é mais difícil ler um livro de poesia do que jogar à bisca, mas nem por isso menos valioso. A isto poder-se-ia responder que o

---

[9] Cf. J. Stuart Mill, «Bentham», in *John Stuart Mill: Utilitarianism, On Liberty, and Essay on Bentham*. Ed. M. Warnock, New American Library, Nova Iorque, 1974 p. 123; Bentham, *Rationale of Reward*, Book 3, Chapter 1: «*The utility of all these arts and sciences,—I speak both of those of amusement and curiosity,—the value which they possess, is exactly in proportion to the pleasure they yield. Every other species of preeminence which may be attempted to be established among them is altogether fanciful. Prejudice apart, the game of push-pin is of equal value with the arts and sciences of music and poetry. If the game of push-pin furnish more pleasure, it is more valuable than either. Everybody can play at push-pin: poetry and music are relished only by a few. The game of push-pin is always innocent: it were well could the same be always asserted of poetry. [...] If poetry and music deserve to he preferred before a game of push-pin, it must be because they are calculated to gratify those individuals who are most difficult to be pleased*». Sobre a alternativa entre poesia e um jogo infantil, ver a curiosa sátira de Steven Lukes, *O Curioso Iluminismo do Professor Caritat. Uma Comédia de Ideias*, tradução de Teresa Curvelo, Gradiva, Lisboa, 1996, pp. 60 e ss.

poeta é um masoquista. Nem sempre uma vida feliz, definida em termos hedonistas de sensações de prazer, é uma vida plena...

Foi, no entanto, Robert Nozick, um filósofo cujas ideias serão adiante abordadas, quem desferiu a grande crítica a este modo de definir a utilidade. Imaginemos que os neuropsicólogos inventam uma máquina capaz de nos injectar drogas que criam os estados de consciência mais aprazíveis que se possa imaginar. A máquina de Nozick, a que ficamos ligados indefinidamente e que substitui a nossa «vida real» pelas experiências, sonhos, etc., que a máquina fornece, tem evidentes semelhanças com a a ideia da *Matrix* no filme com o mesmo nome, de todos conhecido. Se o prazer, definido em termos puramente hedonistas, fosse o nosso maior bem, todos aceitaríamos de bom grado ligarnos a esta máquina. Mas a maioria de nós intui que uma vida assim, longe de ser a melhor vida possível, não seria sequer uma vida([10]).

Uma segunda forma de definir utilidade recusa a orientação hedonista e, em vez disso, aceita que uma experiência recompensadora pode não ser necessariamente fonte de prazer. É claro que isto não afasta a objecção decorrente da invenção de Nozick, a que podemos chamar a máquina das experiências, isto é, uma máquina capaz de nos dar qualquer experiência imaginável que possa ser valiosa.

Uma terceira opção, talvez a mais difundida entre os filósofos que se reclamam utilitaristas, consiste na definição da utilidade em termos de satisfação de *preferências*. Nesta perspectiva, aumentar a utilidade das pessoas significa satisfazer as suas preferências, sejam elas quais forem. As pessoas podem querer *a experiência* de escrever poesia, mas podem também querer *escrever* poesia, e assim não recor-

---

([10]) Cf. Nozick, *Anarchy, State, and Utopia*, Blackwell, Oxford, 1991 (1974), pp. 42 e ss.

20 | INTRODUÇÃO AO PENSAMENTO POLÍTICO DO SÉCULO XX

rer à máquina de Nozick. Mas a utilidade, definida como a satisfação de preferências sejam elas quais forem, deixa de ter qualquer ligação interna com a ideia de felicidade (podemos preferir coisas que nos tornam infelizes) e ainda menos com a ideia de bem. Por essa razão, o utilitarismo na versão da satisfação de preferências diz-nos apenas que algo é valioso pelo simples facto de muitas pessoas o desejarem. É claro que isto significa pôr as coisas ao contrário: ter uma preferência não a torna valiosa; pelo contrário, é porque algo é valioso que existe uma razão para preferi-lo.

Assim, chegamos à quarta forma de conceber a utilidade: trata-se daquela que procura resolver o problema das falsas preferências através da definição do bem-estar como a satisfação das preferências racionais ou informadas. Parece evidente que não pode estar aqui em causa uma racionalidade crítica que torne dispensável a própria consideração das diversas preferências, mas apenas um nível de informação que permite afastar os casos de erro ou engano e assim não torne dispensável a própria agregação do bem-estar[11].

Utilitarismo de regras e de actos

Pressupondo que definimos o que seja utilidade, devemos aceitar o compromisso dos utilitaristas no sentido de maximizá-la? É necessário começar por uma distinção da maior importância. Há, com efeito, duas perspectivas distintas do que significa actuar de acordo com princípios uti-

---

[11] Existe uma certa proximidade entre esta definição da utilidade e a que é proposta pelas teorias da lista objectiva, segundo as quais existe uma pluralidade de bens, como o conhecimento ou a amizade, que têm valor intrínseco, contribuindo para o obemestar de um indivíduo independentemente de este os desejar: Cf. Pedro Galvão, «Utilitarismo», in João Cardoso Rosas (org.), *Manual de Filosofia Política*, Almedina, Coimbra, 2008, pp. 17 e 19.

litaristas. Segundo uma delas, um agente deve agir directamente, em cada caso, de acordo com o cálculo utilitarista, procurando averiguar em que medida diferentes cursos de acção poderão afectar a satisfação de preferências informadas (utilitarismo directo ou utilitarismo de actos). Segundo a outra abordagem, a maximização da utilidade aplica-se apenas indirectamente ao processo de decisão de um indivíduo. As acções moralmente devidas continuam a ser aquelas que maximizam a utilidade, mas entende-se que os agentes mais facilmente maximizarão a utilidade seguindo regras ou hábitos (utilitarismo indirecto ou de regras).

Segundo alguns críticos, o utilitarismo de regras pode apenas ser configurado como um «utilitarismo restrito», e não um «utilitarismo pleno», ao configurar as regras morais como algo mais do que simples orientações práticas ou «regras de algibeira» (*rules of thumb*) ([12]). Mas, mais importante ainda, a própria ideia de maximização do utilitarismo, seja em qual das versões for, é passível de crítica.

Utilitarismo e separação das pessoas

Existem algumas objecções fundamentais à ideia de que devemos basear as nossas acções em cálculos utilitários. De acordo com uma dessas objecções, afirma-se que o cálculo utilitário não toma em consideração as *relações especiais* entre pessoas. Imaginemos um empréstimo. Se alguém me empresta uma quantia de dinheiro, essa pessoa tem direito a receber a quantia emprestada, mesmo se uma outra pessoa pudesse fazer melhor uso do dinheiro. Ora, o raciocínio utilitarista, sobretudo o utilitarismo de actos, desconsi-

---

([12]) Cf. J. J. C. Smart, «Extreme and Restricted Utilitarianism», in James Rachels (org.), *Ethical Theory 2: Theories About How We Should Live*, Oxford University Press, 1998, p. 39.

22 | INTRODUÇÃO AO PENSAMENTO POLÍTICO DO SÉCULO XX

dera estas relações especiais estabelecidas entre as pessoas. É claro que se poderia responder que pagar os empréstimos é uma acção mais apta a maximizar a utilidade do que se poderia à partida pensar. Ainda que isto seja verdade, não nos resolve o problema. É que, mesmo admitindo isso, admitindo que a celebração de um contrato cria uma relação moral especial entre duas pessoas, esse será apenas um aspecto a considerar no cálculo da utilidade.

Um segundo problema do utilitarismo, enquanto procedimento de decisão, diz respeito à ideia de que a cada fonte de utilidade, isto é, a cada preferência, seja dado um peso igual. Imagine-se a discriminação dos negros numa sociedade maioritariamente branca. Ou a discriminação de pessoas de orientação sexual minoritária. É legítimo que essas pessoas sejam discriminadas em resultado do cálculo da utilidade? O problema existe, como é bom de ver, porque o utilitarista não aceita que exista um padrão que nos permita definir o que é justo previamente ao cálculo da utilidade. Ora, esta ideia viola uma importante componente da nossa moral quotidiana, se assim quisermos chamar-lhe[13].

Uma terceira objecção, relacionada com as anteriores mas delas distinta, diz respeito àquilo a que o filósofo inglês Bernard Williams chamou *integridade*. Cada pessoa tem a sua própria vida a viver e empenha-se no seu próprio raciocínio prático a partir do seu ponto de vista pessoal e não de um ponto de vista imaginário do "espectador imparcial" que procede ao cálculo das utilidades segundo uma espécie de aritmética moral[14].

---

[13] Sobre estas objecções, Cf. Pedro Galvão, «Utilitarismo», cit., p. 20-21.

[14] Cf. Bernard Williams, «Utilitarianism and Moral Self-Indulgence», in *Moral Luck: Philosophical Papers 1973-1980*, Cambridge University Press, Cambridge, 1981, pp. 49-50.

O UTILITARISMO | 23

Utilitarismo enquanto teoria da igualdade e utilitarismo teleológico

Vamos agora considerar os dois argumentos principais para considerar a maximização de utilidade como o padrão da justeza moral. De acordo com um desses argumentos, o utilitarismo é o modelo ideal para agregar interesses e desejos individuais, na medida em que confere o mesmo peso aos interesses de cada um. Em termos esquemáticos, o argumento agora em análise sustenta o seguinte: (*i*) as pessoas são importantes e são-no de igual modo; (*ii*) logo, aos interesses de cada pessoa deve ser dado o mesmo peso; (*iii*) logo, os actos moralmente devidos são aqueles que maximizam a utilidade[15].

Mas há uma outra interpretação do utilitarismo, segundo a qual a maximização do bem é primária, e não derivada. Nesta interpretação, consideramos os indivíduos por igual apenas porque esse é o modo mais expedito de maximizar o valor. Nesta perspectiva, o utilitarismo preocupa-se, não com pessoas, mas com estados de facto (os «interesses»). Segundo este modo de ver, o crescimento, mesmo o crescimento demográfico, é moralmente devido ainda que implique a redução do bem-estar de cada pessoa individualmente considerada, o que não sucede se entendermos o utilitarismo como uma teoria preocupada em tratar as pessoas como iguais. Como se depreende, o problema é o seguinte: na perspectiva da ideia de maximização objectiva do bem-estar, o utilitarismo entra em conflito com as nossas intuições morais básicas[16];

---

[15] Cf. Will Kymlicka, *Contemporary Political Philosophy*, cit., pp. 31-32; Peter Singer, *Practical Ethics*, second edition, Cambridge University Press, Cambridge, 1993, pp. 12 e ss. (*Ética prática*, trad. Álvaro Augusto Fernandes, reimp., Gradiva, Lisboa, 2002).

[16] É claro que a isto se poderia responder que as intuições não têm lugar numa teoria moral racional, como o utilitarismo pretende ser. Isto mesmo foi defendido por um filósofo utilitarista, R. M. Hare, *Sorting Out Ethics*, Clarendon Press, Oxford, 1997,

24 | INTRODUÇÃO AO PENSAMENTO POLÍTICO DO SÉCULO XX

pelo contrário, na perspectiva da teoria igualitária, conduz a resultados que contrariam aquele que parece ser o entendimento mais correcto de tratar as pessoas como iguais. É isto que vamos ver de seguida.

Utilitarismo e igualdade

Como resulta do ponto anterior, o tratamento do utilitarismo como teoria política e moral plausível implica que o interpretemos como uma teoria que considera igualmente as pessoas. Ora, a este propósito ocorre desde logo dizer que, ainda que o utilitarismo seja movido pela preocupação de tratar as pessoas como iguais, isso não significa que o princípio da maximização da utilidade não possa ter efeitos desiguais sobre as pessoas. A isto poder-se-ia responder que o utilitarismo se assume como uma teoria que trata as pessoas como iguais, ainda que conduza a resultados não igualitários, mais do que como uma teoria moral que pretende alcançar esses resultados. Mas a questão que se coloca é precisamente a de saber em que medida o tratamento dos dois aspectos pode ser mantido em separado.

Como se viu, o utilitarismo sustenta que todas as preferências devem ter o mesmo peso. É possível, no entanto, sustentar que uma adequada teoria do tratamento igualitário deve distinguir vários tipos de preferências e excluir alguns deles.

O primeiro tipo de preferências que devemos excluir resulta da distinção entre preferências pessoais e preferências externas. As primeiras dizem respeito aos bens, recursos,

---

pp. 82 e ss. Para uma primeira resposta a esta concepção, apoiando-se na ideia do «equilíbrio reflectido» de John Rawls, Cf. Pedro Galvão, «Utilitarismo», *cit.*, pp. 26-27.

oportunidades, etc., que pretendemos para nós próprios. As segundas dizem respeito aos bens, recursos e oportunidade que pretendemos estejam disponíveis para os outros. A questão é, pois, a seguinte: devem as preferências externas ser consideradas no cálculo da utilidade? Aqui surge o problema. Se as preferências externas forem consideradas, isso significa que aquilo que me é devido depende do que os outros pensam de mim. Isso significa, é claro, que se os outros pensarem que sou digno de menor consideração, a minha posição no cálculo utilitário será afectada. Basta pensar, uma vez mais, no exemplo das minorias. Ora, isto, por sua vez, contradiz a justificação do utilitarismo enquanto teoria que trata todos como iguais. Mas se as preferências externas não forem consideradas isso significa que algo se impõe ao princípio utilitarista que não é especificado por este último, nem resulta do seu funcionamento. E significa, é claro, uma redução drástica da capacidade de funcionamento do princípio da utilidade.

Um segundo tipo de preferência ilegítima envolve o desejo por mais do que a parte justa de recursos que me cabe. Chamemos-lhe preferência egoísta, na medida em que ignora o facto de outras pessoas precisarem dos recursos em causa, e terem até legítimas pretensões a eles. Tal como as preferências externas desigualitárias (dos racistas, por exemplo), as preferências egoístas são muitas vezes irracionais e não informadas. Mas satisfazer essas preferências pode gerar utilidade social (por exemplo, expropriar um terreno para o atribuir a alguém que extraia dele mais rendimento: onde existia uma casa de habitação passa a existir um hotel). Podem estas preferências, se racionais, ser incluídas no cálculo utilitário? A necessidade de excluir ambos os tipos de preferências pode ser ilustrada com um exemplo([17]). Imaginemos um condomínio

---

([17]) Cf. Will Kymlicka, *Contemporary Political Philosophy*, cit., p. 40.

26 | INTRODUÇÃO AO PENSAMENTO POLÍTICO DO SÉCULO XX

onde cada condómino tem uma habitação e um espaço de jardim, distribuídos em termos supostamente equitativos. Suponhamos agora que todos os condóminos acham que o espaço de jardim de um deles, em virtude da respectiva localização, deve ser reduzido para permitir o acesso exterior, ou ainda para o reservar como espaço para crianças. As preferências dos outros nesse sentido podem muito bem sobrepujar, em termos de cálculo de utilidade, a preferência do afectado no sentido de preservar o seu jardim. E assim surge, uma vez mais, a questão: será a igualdade mais bem servida quando se assegura que cada um pode preservar a sua parte justa na distribuição dos recursos ou quando se assegura a todos um peso igual na determinação do destino da parte de recursos de cada um? Vemos assim que a exclusão de preferências egoístas, tal como a exclusão de preferências externas, implica a consideração autónoma da igualdade, como um padrão que se impõe ao procedimento decisório relativo à distribuição de recursos.

Utilitarismo e radicalismo: ontem e hoje

O utilitarismo, surgido na passagem do século XVIII para o século XIX, pode ser designado como um «radicalismo filosófico», ao pretender submeter à actuação de um único princípio as transformações do regime legal, económico e político numa época de crise profunda da sociedade[18]. E, na verdade, o utilitarismo serviu como princípio inspirador de múltiplos projectos de reforma nos mais diversos domínios e nos mais diversos países,

---

(18) Cf. Elie Halévy, *La Formation du Radicalisme Philosophique*, I, PUF, Paris, 1995 (1901), p. 11.

desde logo em Portugal([19]). Mas à medida em que as estruturas do antigo regime foram sendo eliminadas, o carácter radical do utilitarismo regrediu, por assim dizer. Como contraponto, aumentaram as críticas relativas ao modo como uma teoria política utilitarista pode deixar certas minorias desprotegidas e às dificuldades insanáveis em que se vê envolvida na tentativa de definir o princípio da utilidade.

Curiosamente, pode falar-se num ressurgimento do radicalismo utilitarista quando se trata de alargar o círculo dos sujeitos de preferências relevantes a considerar. Basta pensar no pensamento de Peter Singer e a sua defesa dos direitos dos animais, baseada no argumento de que devemos combater a ideia de que apenas os membros da nossa espécie podem ser titulares de direitos, isto é, na ideia de que é errado considerar no cálculo da utilidade apenas os seres humanos, com exclusão dos demais seres sencientes([20]). A verdade é que Peter Singer se limita a explorar até às últimas consequências uma sugestão que Jeremy Bentham exprimiu nos seguintes termos:

«Virá o dia poderá em que o resto da criação animal adquira aqueles direitos que nunca lhe poderiam ter sido

---

([19]) Cf. Elie Halévy, *La Formation du Radicalisme Philosophique*, II, PUF, Paris, 1995 (1901), p. 181; Maria Helena Carvalho dos Santos, «"A Maior Felicidade do Maior Número". Bentham e a Constituição Portuguesa de 1822», in Miriam Halpern Pereira, Maria de Fátima Sá e Melo Ferreira e João B. Serra (coord.), *O Liberalismo na Península Ibérica na Primeira Metade do Século XIX*, Sá da Costa, Lisboa, 1982, pp. 91 e ss. É preciso notar, todavia, a atitude de hostilidade dos primeiros utilitaristas em relação à ideia de direitos naturais e de democracia: cf. Halévy, *op. cit.*, I, pp. 151 e ss.; Philip Pettit, *Republicanism: A Theory of Freedom and Government*, Oxford University Press, Oxford, 1999, pp. 44 e ss.

([20]) Cf. Peter Singer, *Animal Liberation*, second edition, with a new preface, Pimlico, Londres, 1995 (existe tradução portuguesa).

28 | INTRODUÇÃO AO PENSAMENTO POLÍTICO DO SÉCULO XX

tirados a não ser pela mão da tirania. Os franceses já descobriram que a negritude da pele não é razão para um ser humano ser abandonado sem apelo ao capricho de um atormentador. Poderá o dia chegar em que seja reconhecido que o número de pernas, a aspereza da pele, ou o extremo do *os sacrum* são razões igualmente insuficientes para abandonar um ser senciente ao mesmo destino? O que deveria traçar a linha insuperável? A faculdade da razão, ou, talvez, a faculdade da fala? Mas um cão ou um cavalo adultos são animais incomparavelmente mais racionais, bem como mais conversadores, do que uma criança com um dia, uma semana, ou mesmo um mês, de idade. Mas suponhamos que assim não fosse, de que serviria? A questão não é: podem raciocinar? Ou: podem falar? Mas antes: Podem sofer?»[21].

---

[21] Cf. Jeremy Bentham, *An Introduction to the Principles of Morals and Legislation*, edição de J. H. Burns e H. L. A. Hart, Clarendon Press, Oxford, 1996, Cap. XVII, § 4, p. 283.

Capítulo II

Karl Marx

Marx e o cânone ocidental

No livro de Steven Lukes que mencionei[22], há uma alusão à sociedade comunista que Marx (1818-1883), numa antevisão com laivos de messianismo, acreditava vir a suceder à ditadura do proletariado. Trata-se do único passo do livro em que se descreve um sonho da principal personagem da obra, em que ela dialoga com os habitantes de uma misteriosa sociedade em que de manhã se caça, à tarde pesca-se e à noite as pessoas se dedicam à actividade crítica[23]. É uma alusão directa a uma das imagens mais famosas de Marx[24]. E o sentido da alusão é claro: não é fácil explicar como se

---

[22] Cf. supra, Introdução e nota 3.

[23] Cf. Steven Lukes, *O Curioso Iluminismo do Professor Caritat*, cit., p. 175.

[24] Cf. Karl Marx, *L'Idéologie Allemande (1845-1846)*, in *Oeuvres Philosophiques*, traduites de l'allemand par J. Molitor, vol. II, Éditions Champ Libre, Paris, 1981, p. 92.

30 | INTRODUÇÃO AO PENSAMENTO POLÍTICO DO SÉCULO XX

alcança a sociedade comunista perfeita, justamente apresentada como um sonho, a partir da dura realidade da fase intermédia da ditadura do proletariado.

Mas do ponto de vista do pensamento de Marx (uma realidade diversa do marxismo, tal como elaborado posteriormente por autores como Lenine e Trotsky) nem é isto o mais importante. O mais importante é, sem dúvida, a crítica que fez do capitalismo como sistema económico, crítica essa que em muitos aspectos mantém ainda hoje actualidade, ainda que as suas propostas para superar o capitalismo não possam ser aceites. Importante, ainda, é o talento literário de Marx, a força que continuamos a sentir pulsar na sua prosa, mesmo que essa força tenha tido resultados muitas vezes fatídicos.

Nas páginas subsequentes, vamos considerar as principais ideias de Marx no que diz respeito à teoria da história e à teoria da economia. No primeiro caso, temos a teoria do materialismo histórico; no segundo, a teoria da mais-valia. No primeiro caso, o pensamento de Marx não seria possível sem Hegel, ainda que tenha invertido a teoria da história de Hegel; no segundo caso, Marx, para além de denotar a influência dos economistas clássicos, desenvolve uma intuição já presente no pensamento de Aristóteles, ainda que tenha atribuído ao trabalho um valor que Aristóteles não admitia. Em ambos os casos, as análises de Marx não podem ser aceites. Mas é isso precisamente o mais importante: o fracasso de um filósofo político (no caso de Marx agravado pela pretensão científica da sua análise e, paradoxalmente, pelo seu messianismo) constitui condição da sua admissão ao cânone ocidental de pensamento.

Antes de abordarmos, mais brevemente do que seria porventura desejável, as ideias de Marx sobre os temas mencionados, é conveniente começar por introduzir uma das principais linhas de força subjacentes a todo o seu pensamento, a ideia de emancipação humana. No seu escrito

KARL MARX | 31

Para a Questão Judaica, de 1844, Marx opõe a mera emancipação política à mais ambiciosa emancipação humana: «*o limite da emancipação política aparece logo no facto de que o Estado pode libertar-se de uma barreira sem que o homem esteja realmente livre dela, [no facto de] que o Estado pode ser um Estado livre sem que o homem seja um* homem livre» ([25]). Libertar o Estado de restrições religiosas não significa libertar as pessoas dessas restrições, uma vez que o Estado pode libertar-se a si próprio da religião e deixar a maioria dos seus cidadãos em situação de dependência religiosa. Do mesmo modo, o Estado pode cancelar o efeito político da propriedade privada, isto é, abolir o requisito de um mínimo de propriedade para o exercício do direito de voto, e declarar que as diferenças de berço não têm significado político, sem com isso lograr uma emancipação humana, uma vez que permanece uma divisão entre o Estado e a comunidade. Assim, diz Marx, «*não nos iludamos acerca dos limites da emancipação política. A cisão do homem no homem* público *e no* homem privado, *o* deslocamento *da religião do Estado para a sociedade civil, não são um estádio, são o* complemento *da emancipação política que, portanto, precisamente, tão pouco suprime quanto se esforça por suprimir a religiosidade* real *do homem*» ([26]). Pelo contrário, a emancipação humana é apenas tornada possível pela identificação da vida privada com a vida pública. Segundo Marx, «*só quando o homem individual real retoma em si o cidadão abstracto e, como homem individual – na sua vida empírica, no seu trabalho individual, nas suas relações individuais –, se tornou ser genérico; só quando o homem reconheceu e organizou as suas "forces propres", como* forças sociais, *e, portanto, já não separa de si a força social na figura da força* política – *é só então que*

([25]) Karl Marx, *Para a Questão Judaica*, introdução e tradução de José Barata-Moura, Edições «Avante!», Lisboa, 1997, pp. 73-74.

([26]) Cf. K. Marx, *Para a Questão Judaica*, cit., p. 77.

32 | INTRODUÇÃO AO PENSAMENTO POLÍTICO DO SÉCULO XX

está consumada a emancipação humana» [27]. É este projecto radical de emancipação total do homem que explica o potencial crítico do pensamento de Marx, mas põe também em evidência a falta de alternativas desse pensamento em relação ao papel desempenhado pelos direitos fundamentais nas nossas sociedades [28].

A teoria materialista da história

A teoria da história desenvolvida por Marx parte da consideração de que o poder produtivo humano tende a desenvolver-se ao longo da história e que as formas da sociedade ascendem e declinam consoante favoreçam ou frustrem esse desenvolvimento. A força motriz desse desenvolvimento é a luta de classes (definidas em função da posição que ocupam no processo produtivo), que opõe, no seio do capitalismo, burguesia e proletariado. A teoria de Marx aponta para a substituição do capitalismo, que a certa altura constituirá um entrave ao desenvolvimento das forças produtivas, pelo

---

[27] Cf. Karl Marx, *Para a Questão Judaica*, cit., pp. 90-91; Leszek Kołakowski, *Main Currents of Marxism: The Founders – The Golden Age – The Breakdown*, traduzido do polaco por P. S. Falla, W. W. Norton & Company, Nova Iorque, 2005 (1978), pp. 104-105.

[28] Tal como não nega que a emancipação política constitua em si um progresso (Cf. *Para a Questão Judaica*, cit., p. 77), Marx admite que existe uma concepção de justiça subjacente ao capitalismo, assente no princípio da liberdade contratual e dos direitos do homem. De resto, existe uma certa ambivalência na discussão dos conceitos de justiça e de direitos no pensamento de Marx, no sentido em que se pode discutir em que medida faz sentido para ele uma concepção básica de justiça, aplicável a todas as sociedades, e à luz da qual se deve criticar o capitalismo: Rawls, *Lectures on the History of Political Philosophy*, The Belknap Press of Harvard Unversity Press, Cambridge, Mass., 2007, pp. 335 e ss., fala, a este propósito, de um paradoxo nas ideias de Marx sobre a justiça.

comunismo. Mas quais as razões para esta substituição: a baixa tendencial da taxa de lucro? O aprofundar das crises económicas? Marx não nos fornece bases sólidas para crer que o capitalismo seja substituído pelo comunismo (os cento e cinquenta anos que passaram ainda geram mais dúvidas). A razão de ser deste fracasso explicativo e de previsão consiste na excessiva ênfase que Marx coloca no trabalho como única força produtiva e como fonte de todo o valor económico, o que é, desde logo, contrariado pela enorme importância que adquirem a ciência e a técnica como forças produtivas. A ênfase no trabalho surge logo na noção de capitalismo no pensamento de Marx, limitada a formas específicas do emprego de capital relacionadas com a utilização do trabalho alheio em virtude de um contrato celebrado com o trabalhador formalmente «livre», excluindo assim a compreensão do conceito nos termos de um conteúdo puramente económico, presente onde quer que objectos de propriedade de alguém sejam também objectos de troca, e assim utilizados por privados com o propósito único de obter um ganho no âmbito da própria circulação da troca.

A teoria da mais-valia

É também esta ênfase excessiva que explica o fracasso, em última análise, da teoria económica de Marx, a teoria do valor do trabalho e, no seu âmbito, a teoria da mais-valia que mostra que o lucro do capitalista depende da exploração do trabalhador. A compreensão da teoria do valor do trabalho e mais-valia é facilitada pelas seguintes fórmulas: M-D-M e D-M-D', em que M significa mercadoria e D dinheiro. A primeira significa muito simplesmente que o trabalhador fabrica uma mercadoria, vende-a por dinheiro e com este compra outras mercadorias de que precisa. As mercadorias têm aqui essencialmente um valor de uso

34 | INTRODUÇÃO AO PENSAMENTO POLÍTICO DO SÉCULO XX

e o dinheiro tem um mero valor de troca. Nos termos da segunda fórmula, o capitalista investe, ou adianta dinheiro; com isso compra, transforma e vende mercadorias; venda essa de que resulta a quantidade acrescida de dinheiro recebida quando os bens produzidos são vendidos. O dinheiro adiantado para receber lucro chama-se capital, daí o capitalismo. O trabalho necessário à produção da mercadoria não constitui já o início e o fim do processo, mas apenas um meio para a obtenção do lucro do capitalista. A relação entre valor de uso e valor de troca inverte-se: as mercadorias têm sobretudo valor de troca e o dinheiro como que assume valor de uso. Com a instituição e aperfeiçoamento de um sistema bancário, a fórmula passa a ser a seguinte: D-D'. Isto é, o dinheiro é adiantado com o único objectivo de obter uma soma acrescida, sem produção alguma de mercadorias. Com excepção desta última, as fórmulas mencionadas remontam já, na sua essência, ao pensamento de Aristóteles[29]. Marx vai mais longe ao pretender que o trabalho é a fonte de todo o valor e de todo o lucro. A verdade, porém, é que, do ponto de vista económico, o trabalho, isto é, a força de trabalho manual sobretudo tida em vista por Marx, não tem nada de especial e acrescenta certamente menos valor do que a tecnologia.

Mas é certo, no entanto, que por trás do trabalho estão as pessoas e as suas vidas. Foi Marx quem pela primeira chamou a atenção para a circunstância de o capitalismo produzir – tendo em vista assegurar a sua própria existência – uma classe de pessoas, os trabalhadores, que não tem nada para vender senão a sua força de trabalho.

---

[29] Foi, com efeito, Aristóteles quem, na *Política*, I.9, 1257a5-13, p. 77, efectuou de modo claro, pela primeira vez, a distinção entre valor de uso e valor de troca. Marx não deixa de tê-la presente na sua própria análise, contida nos capítulos 3 e 4 do Livro I do *O Capital* (Cf. *O Capital*, Livro I, tomo I, pp. 177-178, nota 6).

É precisamente por só ter para vender a sua força de trabalho que o trabalhador é desapossado do produto do seu trabalho. A *alienação* pelo trabalho reveste quatro formas: a alienação do objecto do próprio trabalho (o trabalhador vende o seu trabalho); a alienação em relação à actividade do trabalho por parte de quem o desempenha (o trabalhador é alheio ao conjunto da actividade em que participa); a alienação do homem em relação ao seu corpo e à sua essência, que consiste em dominar a natureza (o corpo de quem trabalha é um elemento como os outros no processo produtivo); e, consequentemente, a alienação dos homens uns em relação aos outros (quer dos capitalistas relativamente aos trabalhadores, quer dos trabalhadores entre si) ([30]). Subjacente às duas primeiras formas de alienação está a crítica, a que se junta um elemento moral, do trabalho assalariado, com base na sua transformação do trabalho concreto em trabalho abstracto, isto é, do trabalho com valor de uso, que satisfaz necessidades visíveis e compreensíveis para quem o desempenha, em trabalho com mero valor de troca, entendido como quantidade de tempo de produção, sem tomar em consideração o seu conteúdo e consequências. Já a terceira forma de alienação assenta na ideia de que é a vida produtiva que faz a essência do homem. Por outras palavras, não apenas o trabalho é a fonte de todo o valor económico, como é também do trabalho e da vida produtiva que depende a emancipação do homem.

Ora, pergunta-se: como pode do reino da necessidade, isto é, do trabalho e do desgaste que implica, surgir directamente a libertação([31])? Ninguém põe em causa que precisamos de trabalhar para viver; apenas se questiona que viver

---

([30]) Cf. Marx, *Manuscritos Económico-Filosóficos de 1844*, pp. 65-69.

([31]) Para maiores desenvolvimentos, Cf. Miguel Nogueira de Brito, *A Justificação da Propriedade Privada numa Democracia Constitucional*, Almedina, Coimbra, 2008, pp. 672 e ss.

para trabalhar possa conduzir à libertação. Nesta perspectiva, de ver na vida produtiva e na subjugação da natureza o ideal da vida humana, existem talvez maiores pontos de contacto entre o capitalismo e o pensamento de Marx do que à partida seria de esperar.

Parte II

Os liberalismos:
Rawls, Dworkin e Nozick

Capítulo III

John Rawls: a justiça como equidade

As novas vestes do contratualismo

Logo no início afirmei que enquanto o utilitarismo e o pensamento de Marx constituem o horizonte em que concebemos a política no século XX, a velha tradição do contratualismo só é recuperada com o pensamento de John Rawls (1921-2002). Para dar uma ideia da importância que assume o pensamento de Rawls, basta dizer que ele integra, por seu turno, o horizonte em que se move toda a filosofia política posterior.

Rawls reconhece a importância do utilitarismo e o seu domínio sobre a tradição da filosofia política, pelo menos anglo-saxónica. Em boa verdade, é contra esse domínio que Rawls recupera a tradição do contratualismo, procurando desse modo resolver alguns dos resultados contra-intuitivos a que chegam as teorias utilitaristas, designadamente quanto ao desrespeito das pessoas como «fins em si mesmo», na fórmula kantiana. Mas se o projecto de Rawls se ergue contra a influência dominante do utilitarismo e procura substituir-se-lhe, procurando

40 | INTRODUÇÃO AO PENSAMENTO POLÍTICO DO SÉCULO XX

arrimo em Kant e no contratualismo, não é menos verdade que a característica do *construtivismo* é amplamente partilhada com esta tradição de pensamento[32]. Por outro lado, ao mesmo tempo que reage ao utilitarismo, o pensamento de Rawls é também tributário de Marx. Essa dívida revela-se, desde logo, no seguinte: enquanto o contratualismo clássico de autores como Hobbes, Locke e Rousseau pretendia sobretudo através do contrato resolver o problema da legitimidade do poder, Rawls procura decididamente o contrato para resolver o problema da justiça social[33]. Na verdade, para Rawls a legitimidade do poder já não constituía o problema essencial a resolver pelo contrato, dada a difusão do princípio democrático; o problema reside, sim, na teoria da justiça social, isto é, na igual distribuição de recursos entre os membros de uma comunidade política.

A justiça e o contrato hipotético

O problema de Rawls consiste, pois, na definição de uma sociedade justa. Como resolvê-lo? Antes de procurarmos uma resposta para esta questão segundo o pensamento de Rawls, convém esclarecer o contexto em que pode surgir uma questão de justiça. Suponhamos que, no decurso de um jogo de cartas como o póquer, depois da distribuição das cartas, um dos jogadores (a quem calhou um mau jogo) nota que falta uma carta no baralho e pretende redistribuir o jogo (o que, por mero caso, até o favoreceria). Pelo contrário, um dos outros jogadores, a quem calhou uma boa

---

[32] Cf. Onora O'Neill, «Constructivism in Rawls and Kant», in Samuel Freeman (org.), *The Cambridge Companion to Rawls*, Cambridge University Press, Cambridge, 2003, p. 350.

[33] Cf. Norberto Bobbio, *O Futuro da Democracia*, Publicações Dom Quixote, Lisboa, 1988, pp. 190-191.

mão, sustenta que se deve jogá-la até ao fim. Como decidir o desacordo? A força decide sem dúvida o diferendo, mas pressupor a lei do mais forte como uma lei justa é, sem dúvida, um passo difícil. Uma outra possibilidade consiste em apelar às regras do jogo, que todos aceitámos quando decidimos jogá-lo. Pode acontecer, no entanto, que as regras do jogo não prevejam o caso. Uma terceira possibilidade consiste em recorrer a um espectador imparcial ou a um árbitro. Também este, no entanto, pode não existir ou podem os jogadores não estar dispostos a que seja um terceiro a decidir por eles. Chegamos assim a uma outra possibilidade: o apelo a um acordo ou contrato hipotético. Podemos reflectir sobre que regra teríamos pensado para o caso se o tivéssemos previsto de antemão, conseguindo assim abstrair dos nossos interesses especiais actuais[34].

É este o mecanismo a que Rawls recorre para solucionar o problema da justiça, formulando através dele os seus dois princípios da justiça. Como se percebe, recorrer a um contrato hipotético como método para resolver os problemas da justiça pressupõe que esse contrato hipotético seja celebrado em condições especiais. Caso contrário, estaríamos na vida real, e é precisamente a impossibilidade de solucionar os problemas da justiça na vida real, em função da posição interessada que ocupamos, que nos leva a recorrer ao método de um contrato hipotético.

Quatro partes no argumento de Rawls

Assim vistas as coisas, parece claro que podemos dividir o projecto de Rawls em quatro partes: (*i*) primeiro, há que

---

[34] Cf. este exemplo em Jonathan Wolff, *An Introduction to Political Philosophy*, Oxford University Press, Oxford, 1996, pp. 168--169.

definir as condições sob as quais tem lugar a celebração do contrato hipotético; (*ii*) em segundo lugar, é preciso saber qual o acordo entre as partes no contrato hipotético, isto é, quais os princípios de justiça que as partes escolheriam no âmbito de tal contrato; *(iii)* depois, é preciso mostrar que os princípios em causa são correctos; (*iv*) finalmente, é necessário ter consciência de que os princípios de justiça escolhidos pelas partes na posição original são princípios que se aplicam às instituições e, nessa medida, não se aplicam directamente à actuação dos indivíduos, que se regem pelos princípios do dever natural.

As condições da posição original

Comecemos, pois, pelo primeiro aspecto, as condições do contrato hipotético, que Rawls designa «posição original». Saber quais as condições em que deve ser pensada a celebração de um contrato hipotético destinado a resolver o problema da justiça social significa determinar qual o grau de conhecimento das condições da vida real, ou a respectiva ignorância, que devemos atribuir aos contraentes como condição da possibilidade de um acordo entre eles sobre a justiça social. Os problemas com que aqui deparamos são-nos já familiares, através do exemplo do jogo. Na vida real, os ricos querem pagar menos impostos, o que significa cortar os custos dos benefícios sociais atribuídos aos pobres. Estes últimos, como é natural, pretendem precisamente o contrário.

A resposta de Rawls para este problema compreende-se com a ajuda de um exemplo. Imaginemos que num jogo de futebol não é possível encontrar um árbitro que não seja ele próprio da mesma terra de uma das equipas em confronto. Mais do que isso, não é possível encontrar um árbitro que não seja adepto de uma das equipas. Ainda mais, não é possível encontrar um árbitro que não esteja em difícil situação

JOHN RAWLS: A JUSTIÇA COMO EQUIDADE | 43

económica ou mesmo psicológica e seja, por isso, imune às pressões dos dois clubes. Imaginemos, agora, que é possível dar uma droga ao árbitro que, sem efeitos secundários, tem o efeito precípuo de o fazer esquecer, mal entre em campo, as suas preferências clubísticas e a sua situação económica e social[35]. Pois bem, tal como o árbitro drogado, as partes na posição original encontram-se sob um *véu de ignorância*, desconhecendo a sua posição na sociedade, o seu sexo, a sua raça. Mais importante, as partes na posição original ignoram quais os seus talentos naturais.

Mas podem as partes num contrato, assim concebidas como despidas dos seus atributos naturais, sociais e até culturais, chegar a algum acordo sobre uma matéria tão complexa como os princípios da justiça? Desde logo, é necessário esclarecer que, segundo Rawls, as partes na posição original estariam dotadas de uma «teoria ténue do bem». No âmbito de tal teoria, as partes assumem uma preferência clara e consciente pela posse do que Rawls chama os bens primários, isto é, liberdade, oportunidades, riqueza e rendimento. Repare-se que estes bens são desejados pelas partes independentemente do uso que lhes darão. As partes na posição original não conhecem aquilo que dará sentido às suas vidas (a paixão pela vida activa, pelo desporto, pela reflexão, etc.), mas sabem que precisarão de liberdades, oportunidades e dinheiro para dar sentido às suas vidas, seja ele qual for. Para além disso, as partes são capazes de uma concepção do bem e têm um sentido de justiça

Em segundo lugar, as partes são racionais, no sentido de uma racionalidade estratégica, isto é, são capazes de adoptar os meios mais eficazes para atingir os seus fins.

Depois, as partes não são invejosas e são mutuamente desinteressadas.

---

[35] O exemplo é, uma vez mais, de Jonathan Wolff, *An Introduction to Political Philosophy*, cit., pp. 170-171.

44 | INTRODUÇÃO AO PENSAMENTO POLÍTICO DO SÉCULO XX

Rawls apressa-se a esclarecer, no entanto, que as condições da posição original, isto é, as características das partes que acabam de ser descritas, não visam descrever pessoas ou um ideal de pessoa; antes deve entender-se a posição original como um mero mecanismo de representação. É necessário, por último, ter presente que embora as partes não conheçam a sua posição económica e política, nem o nível de civilização e cultura da sociedade ou a geração a que pertencem, sabem, no entanto, que os princípios de justiça que são chamados a escolher são destinados a regular uma sociedade situada entre a total escassez e a total abundância. Aliás, se assim não fosse, seriam irrelevantes as considerações de justiça no âmbito da sociedade em causa.

Os princípios da justiça escolhidos pelas partes na posição original

Uma vez concebida a posição original, quais os princípios de justiça que seriam «construídos» em virtude do seu funcionamento? Segundo Rawls, são dois os princípios que as partes na posição original escolheriam: 1. Cada pessoa tem um direito igual ao mais extenso sistema de liberdades básicas que seja compatível com um sistema de liberdades idêntico para as outras (Princípio da Liberdade) [36]; 2. As desigualdades económicas e sociais devem ser estruturadas

---

[36] Esta não corresponde à formulação inicial do Princípio da Liberdade, em que o mesmo não surgia reportado a liberdades básicas, mas à liberdade em si mesma. A alteração decorre de uma crítica formulada por Herbert Hart, relativa a uma ambiguidade da noção de liberdade no pensamento de Rawls (Cf. Herbert Hart, «Rawls on Liberty and Its Priority», in *Essays in Jurisprudence and Philosophy*, Clarendon Press, Oxford, pp. 223 e ss.; Rawls, *O Liberalismo Político*, cit., pp. 276 e ss. e 311 e ss. [*Political Liberalism*, cit., pp. 289 e ss. e 331 e ss.]).

JOHN RAWLS: A JUSTIÇA COMO EQUIDADE | 45

de forma a que, simultaneamente: a) redundem nos maiores benefícios possíveis para os menos beneficiados (Princípio da Diferença); b) sejam consequência do exercício de cargos e funções abertos a todos em circunstâncias de igualdade justa de oportunidades (Princípio da Justa Igualdade de Oportunidade) [37].

Segundo Rawls, estes princípios, embora indissociáveis, estão sujeitos a uma «prioridade lexical» [38], o que significa que o Princípio da Liberdade tem prioridade sobre os outros dois, apenas podendo uma liberdade básica ser limitada com fundamento na protecção da mesma e/ou de outra ou outras liberdades básicas, e o Princípio da Justa Igualdade de Oportunidade tem prioridade sobre o Princípio da Diferença. Para compreender esta ordenação de prioridades, é necessário ter presente quais as liberdades e direitos especificados por cada um dos princípios, por um lado, e, por outro, o modo como essas liberdades se relacionam com a igualdade.

Quanto ao Princípio da Liberdade, as liberdades e direitos por ele especificadas correspondem *grosso modo* aos direitos e liberdades e garantias previstos nos artigos 24.º a 38.º, 41.º a 46.º, e 48.º a 51.º da nossa Constituição. O Princípio da Justa Oportunidade, por exemplo, pode ser de alguma utilidade na interpretação do artigo 47.º, nº 2, da Constituição, sobre a igualdade de acesso aos empregos públicos. O Princípio da Diferença especifica direitos económicos e sociais

---

[37] Cf. John Rawls, *Uma Teoria da Justiça*, tradução de Carlos Pinto Correia, Editorial Presença, Lisboa, 1993, pp. 68 e 239.

[38] Segundo Rawls, *Uma Teoria da Justiça*, cit., p. 55, nota 23, o termo correcto, embora pouco prático, seria «*lexicográfico*», que decorre do facto de que o exemplo mais comum de uma ordenação do tipo em causa ser o das palavras num dicionário. Mas, precisamente, a prioridade entre os princípios da justiça não parece relevar de uma simples ordenação lexical, uma vez que se admita a existência de uma estrutura hierárquica entre os princípios em causa.

46 | INTRODUÇÃO AO PENSAMENTO POLÍTICO DO SÉCULO XX

ou, por outras palavras, possibilidades efectivas de emprego ou prestações sociais. Rawls considera, aliás, que o primeiro princípio cobre os «*fundamentos constitucionais*» («*constitutional essentials*»), essencialmente correspondentes aos princípios constitucionais que podem considerar-se como limites materiais não expressos de revisão constitucional. Do mesmo modo, também o princípio da oportunidade e um rendimento mínimo social que satisfaça as necessidades básicas de todos os cidadãos podem ser considerados como «*fundamentos constitucionais*». Simplesmente, enquanto todo o conteúdo do primeiro princípio, ou Princípio da Liberdade, se integra nos «*fundamentos constitucionais*», já não podem ser vistas como tal a justa igualdade de oportunidades, em sentido material, e as exigências distributivas que excedem um mínimo social[39].

A prioridade estabelecida entre os princípios resulta da sua maior ou menor resistência à introdução de discriminações ou desigualdades no seu seio. Assim, o Princípio da Liberdade tem uma tolerância zero à desigualdade; o Princípio da Justa Oportunidade pode admitir discriminações positivas a favor dos mais desfavorecidos; o Princípio da Diferença admite diferenças de rendimento se assim se incentivarem os mais produtivos a trabalhar mais, sendo o seu trabalho capaz de beneficiar todos os outros, quer directamente, através de criação de novos empregos e da criação de novas oportunidades de consumo, quer indirectamente, através do aumento dos impostos.

Interessa-nos especialmente o Princípio da Diferença. A sua ideia básica é a seguinte: se uma desigualdade for necessária para tornar melhor a situação de todos e, em particular, se essa desigualdade melhorar a situação dos mais desfavorecidos, comparando-a com a situação em que estes se

---

[39] Cf. Rawls, *Justice as Fairness: A Restatement*, (org.) Erin Kelly, The Belknap Press of Harvard University Press, Cambridge, Mass., e Londres, 2001, pp. 47-48.

encontrariam caso a desigualdade não ocorresse, então esta deve ser permitida. Numa outras perspectiva, o Princípio da Diferença surge ainda mais claramente como uma aplicação da ideia de uma melhoria da distribuição de recursos segundo Pareto, isto é, a ideia segundo a qual se pode falar de um aumento do bem-estar social se uma dada modificação da distribuição de recursos numa sociedade aumenta o bem-estar individual de ao menos uma pessoa, sem piorar a situação de nenhuma outra. Com efeito, podemos dizer que segundo o Princípio da Diferença uma distribuição considera-se justificada se for vantajosa para todos, especialmente os mais desfavorecidos, mesmo se for uma distribuição desigual. O Princípio da Diferença é, pois, um princípio redistributivo prudente, segundo alguns excessivamente prudente, que encara a distribuição de recursos económicos não apenas como algo que se justifica em função de considerações próprias da justiça, mas também em função da eficiência económica e da estabilidade social[40].

Mas por que razão as partes na posição original escolheriam estes princípios e não outros? Desde logo, admitindo um nível moderado de prosperidade, é razoável supor que as partes escolheriam o Princípio da Liberdade e o Princípio da Justa Oportunidade e aprovariam ainda a sua prioridade sobre o Princípio da Diferença. Apenas em condições de grande escassez de recursos as pessoas estariam disponíveis a trocar parte da sua liberdade por uma quantidade determinada de recursos materiais. Mas por que razão escolher o Princípio da Diferença? A resposta a esta questão impõe que a reconheçamos como uma questão de escolha racional em condições de incerteza. E isso impõe que averiguemos quais os princípios de escolha racional disponíveis numa situação de incerteza como a da posição original.

---

[40] Cf. Catherine Audard, *John Rawls*, Acumen, Stocksfield, 2007, p. 98.

48 | INTRODUÇÃO AO PENSAMENTO POLÍTICO DO SÉCULO XX

Podemos pensar em três princípios de escolha racional em condições de incerteza: a maximização da utilidade esperada; a maximização do mínimo, ou princípio «*maximin*», que nos leva a procurar assegurar que o pior resultado possível de uma escolha seja o melhor em comparação com os piores resultados das outras escolhas[41]; a maximização do máximo, ou princípio «*maximax*», segundo o qual devemos escolher sempre o melhor resultado possível, ainda que a sua verificação seja improvável. Para ilustrar este princípio imaginemos um jogo, semelhante a alguns concursos televisivos, em que ao concorrente são dadas três hipóteses. De acordo com a primeira hipótese, o participante pode receber imediatamente 50 euros e abandonar o jogo. Nos termos da segunda hipótese, o participante pode continuar no jogo e responder a três perguntas: se falhar à primeira é excluído sem ganhar nada, ganhando 60 euros se acertar; se acertar à segunda, ganha mais 60 euros, sendo excluído se falhar, caso em que mantém os 60 euros que ganhou anteriormente; se acertar à terceira ganha mais 60 euros, perfazendo um total de 180 euros, enquanto que se falhar mantém os anteriores 120 euros que já havia ganho e é excluído. Finalmente, na terceira hipótese, é feita uma só pergunta ao participante, de maior complexidade do que as anteriores, recebendo 200 euros se ganhar e ficando sem nada se perder. Não temos dúvidas em afirmar que, pelo menos em condições de um conhecimento médio sobre os temas objecto das perguntas, será racional para o participante excluir a terceira hipótese. Escolher a terceira hipótese significa adoptar o princípio *maximax*, um princípio de

---

[41] Cf. Rawls, *Uma Teoria da Justiça*, cit., p. 132: «A regra maximin diz-nos para ordenar as alternativas em função das piores de entre as respectivas consequências possíveis: devemos adoptar a alternativa cuja pior consequência seja superior a cada uma das piores consequências das outras».

escolha para optimistas incorrigíveis. Mas como escolher entre as duas outras hipóteses? Parece claro que a primeira hipótese, em obediência ao princípio *maximin*, se afigura como excessivamente pessimista e deve ser arredada por todo o que decide participar no jogo. A escolha da segunda hipótese, em obediência ao princípio da maximização da utilidade esperada, surge assim como a opção mais racional para quem decide entrar no jogo, com o objectivo de, supostamente, participar nele no maior período de tempo possível, maximizando assim as utilidades esperadas.

Transponhamos agora estas opções, estes princípios de escolha racional, para o plano da posição original. A que escolhas conduzem cada um deles? Se orientarmos a nossa escolha pela regra *maximax*, tenderemos a privilegiar situações em que possamos obter um ganho elevado embora improvável, ou seja, tenderemos a adoptar um sistema capitalista puro (se estivesse em causa a escolha de um regime político, um optimista incorrigível escolheria uma monarquia mundial, confiando em que seria ele o rei). As mesmas razões que nos levaram a excluir este princípio de escolha no caso do concurso televisivo levam-nos também, até por maioria de razão, a excluí-lo agora. A verdadeira opção faz-se entre os outros dois princípios. No caso do concurso televisivo, a opção pela escolha em obediência ao princípio da maximização das utilidades esperadas assentava em fazer sentido optar por permanecer no concurso pelo maior período de tempo possível. Numa série de decisões a longo prazo, mais ou menos independentes umas das outras, faz mais sentido actuar com o objectivo de maximizar as expectativas do que optar por qualquer outro curso de acção. Mas na posição original existe uma única decisão que, uma vez tomada, não admite retorno. Neste contexto e nestas circunstâncias, os princípios da escolha racional alternativos à regra *maximin* envolvem demasiados riscos. Rawls admite que quer o princípio *maximin*, quer o princípio da

50 | INTRODUÇÃO AO PENSAMENTO POLÍTICO DO SÉCULO XX

maximização das utilidades esperadas poderiam conduzir à adopção de um esquema institucional envolvendo a fixação de um mínimo social, mas só no âmbito do primeiro essa fixação seria efectuada sem arbitrariedade. Assim, a adopção de um princípio *maximin* como critério de escolha racional nas condições de incerteza da posição original favorece a escolha, nesse âmbito, do Princípio da Diferença. Segundo Rawls, os dois princípios da justiça, sem porem em causa a eficiência própria de uma economia de mercado, seriam mais adequadamente realizados pelas instituições próprias do que designamos como o Estado Social ou, como Rawls prefere, as instituições de uma democracia de proprietários (*Property-Owning Democracy*). As instituições que permitiriam alcançar e manter um tal regime seriam, segundo Rawls, a tributação das heranças e doações numa base progressiva, um imposto sobre o consumo a uma taxa marginal constante, a atribuição de um mínimo social, cobrindo pelo menos as necessidades sociais básicas, e um sistema de educação igualitário[42].

Os princípios relativos aos sujeitos individuais

Em *Uma Teoria da Justiça*, Rawls, além de considerar os princípios da justiça que se aplicam às instituições ou, segundo a sua expressão, à estrutura básica da sociedade, considera também os princípios aplicáveis aos sujeitos individuais, uma vez que «uma teoria completa do justo implica princípios aplicáveis aos sujeitos individuais»[43]. Assim, as partes na posição original, tendo em vista estabelecer uma concepção completa do justo, devem escolher não apenas uma concepção da justiça, mas também os princípios que

---

[42] Cf. Rawls, *Justice as Fairness: A Restatement*, cit., pp. 160-162.
[43] Cf. Rawls, *Uma Teoria da Justiça*, cit., p. 101.

acompanham cada um dos conceitos principais abrangidos pela noção de justo, isto é, princípios respeitantes a noções como equidade, fidelidade, respeito mútuo e beneficência, aplicáveis aos sujeitos, bem como princípios relativos à conduta dos Estados, que não abordarei na presente exposição. No que diz respeito aos princípios aplicáveis aos indivíduos, Rawls aponta o princípio da equidade, isto é, o princípio segundo o qual «a obediência às regras de uma instituição é exigível quando estão satisfeitas duas condições: em primeiro lugar, a instituição deve ser justa (ou equitativa), isto é, satisfazer os princípios da justiça; em segundo lugar, devem ter sido livremente aceites os benefícios que o sistema fornece ou ter-se beneficiado das vantagens que ele oferece no que respeita à prossecução dos interesses próprios» [44]. O princípio da equidade tem assim duas partes, a primeira das quais declara que as instituições a que devemos obediência têm de ser justas, caracterizando a segunda os actos voluntários de obediência exigidos. Deste modo, as exigências contidas no princípio da equidade constituem obrigações, que surgem como resultado de actos voluntários. Nesta medida, Rawls considera que quem ocupa um lugar público ou uma posição de autoridade contrai uma obrigação abrangida pelo princípio da equidade. Para além desta obrigação que impende sobre aqueles que ocupam cargos públicos, não existe qualquer obrigação política, isto é, não existe uma obrigação de obediência para os cidadãos em geral.

Problema distinto é ainda o da obrigação de cumprir promessas. Rawls entende que elas são explicadas pelo princípio da fidelidade, que não é mais do que um caso especial do princípio da equidade aplicado à prática social da promessa, e isto com base no entendimento de que a promessa é uma acção tornada possível por um sistema público de regras. A regra básica é a que rege o uso da expressão «eu prometo

---

[44] Cf. Rawls, *Uma Teoria da Justiça*, cit., p. 103.

52 | INTRODUÇÃO AO PENSAMENTO POLÍTICO DO SÉCULO XX

fazer x». Segundo Rawls, apoiando-se nos ensinamentos de John Searle, esta regra consiste no seguinte: se alguém profere as palavras «*prometo fazer x*» nas circunstâncias apropriadas, essa pessoa deve fazer x, a não ser que se verifiquem certas condições justificativas da não realização. Ora, se a promessa corresponder a uma prática social justa, em que o acto de prometer não é extraído sob coacção, e se se aceitarem os benefícios dessa prática, isto é, a possibilidade de obter benefícios de cooperação em condições de segurança, podemos dizer que existe uma obrigação de cumprir promessas como consequência do princípio da equidade[45].

Se todas as obrigações decorrem do princípio da equidade, é possível distinguir diversos princípios do dever natural. Os «deveres naturais» têm como características, em contraste com as obrigações, o facto de serem aplicáveis independentemente dos nossos actos voluntários e o facto de existirem não apenas em relação a sujeitos concretos em resultado das suas posições sociais, mas a todas as pessoas em geral. Entre os deveres naturais contam-se o dever de auxílio, sem excesso de risco ou perda para o próprio, o dever de não fazer mal ou ferir outrem, o dever de não causar sofrimento desnecessário, mas também o dever de justiça. Este último exige que respeitemos e protejamos as instituições que nos abranjam, mas também que estabeleçamos e desenvolvamos instituições justas quando as mesmas ainda não existam[46]. A ausência de uma obrigação política aplicável ao cidadão comum encontra o seu contraponto na existência de um dever natural de apoiar instituições justas. É impossível não encontrar nesta formulação dos deveres naturais a presença da conhecida fórmula de Ulpiano, «*honeste vivere, neminem laedere, suum cuique tribuere*»[47], tam-

---

[45] Cf. Rawls, *Uma Teoria da Justiça*, cit., pp. 269-270.
[46] Cf. Rawls, *Uma Teoria da Justiça*, cit., pp. 105-106.
[47] Cf. *Corpus Iuris Civilis*, I,I,10.

bém presente, embora não explicitamente, na fórmula dos deveres jurídicos segundo Kant[48].

Como se articulam os princípios de justiça aplicáveis às instituições e os aplicáveis aos indivíduos? Antes de mais, os segundos são formulados pelas partes na posição original depois dos primeiros e, na verdade, pressupõem-nos[49]. Para além disso, os princípios aplicáveis aos indivíduos ocupam o seu lugar próprio na sequência de quatro etapas: primeiro, as partes escolhem os dois princípios de justiça na posição original; depois, as partes prosseguem para a fase de uma convenção constitucional em que adoptam como principal parâmetro o primeiro princípio da justiça, isto é, o princípio da liberdade; em terceiro lugar, passamos para a etapa legislativa, em que se trata de avaliar a justiça das leis e das políticas e em que intervém o segundo princípio da justiça; por último, temos a etapa – em que deixa de haver quaisquer limites ao conhecimento dos factos da vida real – da aplicação das regras aos casos particulares pelos tribunais e pela administração, e do cumprimento em geral dessas regras pelos cidadãos. Embora os princípios relativos aos indivíduos não sejam decididos nesta última etapa, são aí aplicados[50].

Por que razão, no entanto, a adopção de princípios relativos à estrutura básica na posição original deve ser acompanhada da adopção, nessa mesma instância, de princípios de justiça que se impõem aos indivíduos? Rawls não demonstra certamente nenhuma conexão necessária entre uns e outros e sobretudo não demonstra que os princípios de justiça relativos aos indivíduos resultem exclusiva ou mesmo necessariamente do mecanismo da posição origi-

---

[48] Cf. Kant, *A Metafísica dos Costumes*, tradução, apresentação e notas de José Lamego, Fundação Calouste Gulbenkian, Lisboa, 2005, pp. 53-54.

[49] Cf. Rawls, *Uma Teoria da Justiça*, cit., p. 101.

[50] Cf. Rawls, *Uma Teoria da Justiça*, cit., pp. 163-167.

54 | INTRODUÇÃO AO PENSAMENTO POLÍTICO DO SÉCULO XX

nal. Em qualquer caso, a formulação destes princípios já não ocorre em *O Liberalismo Político*. Um segundo motivo de perplexidade na adopção de princípios de justiça relativos aos indivíduos segundo Rawls resulta do seu carácter dependente em relação aos princípios relativos às instituições. Por último, a distinção entre ambos os tipos de princípios sugere que a conduta dos indivíduos não tem de se reger pelos princípios de justiça verdadeiramente substantivos que têm por objecto o funcionamento das instituições.

A transformação pluralista de Rawls

Até este momento, a análise do pensamento de Rawls centrou-se essencialmente na sua célebre obra *Uma Teoria da Justiça*, de 1971. As ideias de Rawls não se resumem, no entanto, a este seu livro mais conhecido. Num conjunto de artigos posteriores, culminando no livro *O Liberalismo Político*, de 1993, Rawls procura afastar aquilo que considera serem as pretensões «excessivamente universalistas» da teoria exposta na primeira obra.

Nesta segunda fase do seu pensamento, Rawls pressupõe à partida o pluralismo das democracias constitucionais modernas, pluralismo nos planos social, cultural, filosófico e religioso. Pensemos, com efeito, nas grandes metrópoles do mundo ocidental: todos temos a experiência de aí encontrarmos pessoas pertencentes a distintas raças, confissões e formas de vida. A questão que Rawls explora é a das consequências deste pluralismo na concepção da justiça.

Convém começar por notar que a teoria da justiça defendida por Rawls se mantém, no essencial, inalterada. A teoria permanece, com efeito, estruturada em torno dos dois princípios da justiça. O que muda é a justificação da teoria e, consequentemente, o estatuto desses princípios.

JOHN RAWLS: A JUSTIÇA COMO EQUIDADE | 55

Na primeira fase, Rawls acredita que uma teoria da justiça deve: (*i*) ter plausibilidade filosófica independente, no sentido de se sustentar em princípios e argumentos racionais; (*ii*) fornecer respostas práticas aos problemas e aos conflitos cuja existência é a própria razão de ser de tais teorias. Mas, uma vez elaboradas, as teorias em causa aplicam-se a todos os tipos de objectos, desde a conduta dos indivíduos à organização da sociedade e às relações internacionais. Nesta medida, as doutrinas em causa são *doutrinas abrangentes*. Na segunda fase do seu pensamento, Rawls acredita que os escritos anteriores não levavam suficientemente em linha de conta aquilo a que chama *o facto do pluralismo razoável*, isto é, o facto de, nas condições de liberdade de consciência e de expressão que encontramos numa democracia liberal, se garantir ou propiciar que aí encontremos uma pluralidade de *concepções razoáveis* do bem humano.

Qual o significado destas alterações? Primeiramente, Rawls acreditava que em condições propícias ao juízo moral (ausência de factores como parcialidade, falta de informação, envolvimento emocional, etc.) as divergências morais tenderiam a desaparecer. Depois, o autor passa a sustentar que essas divergências não deixam de existir mesmo em condições propícias ao juízo moral. Tais divergências são agora entendidas como um resultado normal do exercício da razão humana em condições de liberdade de consciência e de expressão.

Neste contexto, a plausibilidade de uma ideia da justiça não vai já buscar-se apenas à argumentação com base em princípios ou juízos morais justificados, mas também à cultura política das democracias ocidentais, aos seus textos constitucionais e à respectiva interpretação. A justiça deixa de ter uma pretensão universalista e passa a pretender aplicar-se apenas às sociedades cujo modo de organização corresponde já, no essencial, aos princípios da democracia

56 | INTRODUÇÃO AO PENSAMENTO POLÍTICO DO SÉCULO XX

liberal. Para além disso, a justiça visa apenas regular a estrutura básica dessas sociedades. Não admira, por isso, que em *O Liberalismo Político*, já não encontremos referências às «obrigações» e aos «deveres naturais».

Por outro lado, o critério da capacidade da ideia de justiça para responder aos conflitos sociais adquire uma autonomia própria, no sentido em que é possível discordar de uma teoria plausível de um ponto de vista filosófico. Para fazer convergir os dois critérios de justificação (capacidade de resposta e plausibilidade teórica), Rawls desenvolve a ideia de *consenso de sobreposição* entre as diferentes concepções do bem, em torno de uma concepção única. A ideia de Rawls é agora a de que é possível conceber os dois princípios da justiça como um denominador comum de diferentes concepções razoáveis do bem[51]. Deste modo, os dois princípios da justiça são agora concebidos como uma concepção política da justiça, adoptada no âmbito de uma razão pública que seria neutra em relação a diferentes concepções razoáveis do bem.

A concepção política de justiça é definida por Rawls segundo três critérios: (*i*) deve ser formulada para um objecto específico: a estrutura de base da sociedade; (*ii*) é apresentada independentemente de todas as doutrinas abrangentes, como são o utilitarismo, os dois princípios da justiça segundo a doutrina exposta em *Uma Teoria da Justiça*, a teoria moral de Kant, ou o conjunto de doutrinas defendidas por uma religião; (*iii*) é elaborada em termos de ideias políticas fundamentais consideradas implícitas na cultura pública de uma sociedade democrática[52].

---

[51] Cf. Rawls, *O Liberalismo Político*, cit., p. 150 [*Political Liberalism*, cit., pp. 144-145].

[52] Cf. Rawls, *O Liberalismo Político*, cit., pp. 41-42 e 176 [*Political Liberalism*, cit., pp. 13 e 175].

Várias críticas têm sido apontadas a esta transformação do pensamento de Rawls. Diversos autores consideram, antes de mais, que Rawls fez da sua própria teoria uma forma de justificação pragmática que põe em causa a índole da especulação filosófica no âmbito da política. O seu pensamento, nesta segunda fase, «sugere uma aspiração da filosofia política a acabar com todas as filosofias políticas» [53]. Por outro lado, sustenta-se que é vão o projecto de encontrar numa cultura política de qualquer democracia os critérios morais de uma teoria da democracia. Parece evidente, pelo menos, o abismo entre os princípios da teoria da justiça de Rawls e a cultura política do seu país. Poderíamos, porventura, afirmar a existência de uma certa correspondência entre as teorias de Rawls e a cultura política expressa por uma Constituição como a portuguesa. Mas mesmo em tal caso subsistiria sempre o desvio entre a interpretação da Constituição e a prática constitucional. Acrescente-se ainda que a doutrina do consenso de sobreposição é circular na medida em que define o que é razoável nos termos da teoria dos dois princípios da justiça [54]. Finalmente, é ainda possível registar o desaparecimento de referências às obrigações e deveres naturais dos indivíduos, agora substituídos pela menção, insuficientemente desenvolvida, de um dever, moral e não jurídico, *de civilidade*, isto é, o dever de cada membro de uma comunidade política de ser capaz, em face

---

[53] Cf. Chandras Kukathas e Philip Pettit, *Rawls:* A Theory of Justice *and its Critics*, Polity Press, Oxford, 1990, p. 151 (existe tradução portuguesa); Daniel Weinstock, «La Problématique Multiculturaliste», in Alain Renaut (dir.), *Histoire de la Philosophie Politique*, Tome V – Les Philosophies Politiques Contemporaines (depuis 1945), Calmann-Lévy, Paris, 1999, p. 435.

[54] Cf. Daniel Weinstock, «La Problématique Multiculturaliste», in Alain Renaut (dir.), *Histoire de la Philosophie Politique*, Tome V – Les Philosophies Politiques Contemporaines (depuis 1945), cit., p. 436.

58 | INTRODUÇÃO AO PENSAMENTO POLÍTICO DO SÉCULO XX

de todos os demais, de sustentar nos valores políticos da razão pública os princípios e políticas que defenda[55]. Será esta uma consequência da mudança de estatuto da teoria da justiça defendida por Rawls, que agora prescinde de articulá-la em termos do que designa como uma doutrina abrangente?

Crítica dos dois princípios da justiça

Como avaliar o argumento de Rawls? Não é certamente por resultarem de um contrato hipotético que os dois princípios da justiça são correctos. Pode dizer-se que o resultado da deliberação das partes na posição original é justo porque todos os aspectos da posição original são, também eles, justos. Mas é precisamente aqui que começam os problemas. Rawls alcança a imparcialidade das partes na posição original fazendo-as ignorantes. Na verdade, as pessoas são caracterizadas na posição original de forma a permitir que alcancem entre elas um certo acordo. Se assim é, de nada serve dizer que a caracterização das partes não corresponde a uma concepção de pessoa que se pretenda defender. A caracterização das partes na posição original revela, com efeito, um certo entendimento sobre aquilo que se considera relevante, o privilegiar de um certo tipo de pessoas, e das sociedades próprias desse tipo, em detrimento de outros tipos de sociedades e pessoas. Como se viu, para permitir que as partes na posição original façam escolhas, Rawls tem de atribuir-lhes um concepção do bem, ainda que uma «teoria débil» do bem, daquilo que é valioso. Rawls pressupõe que as partes na posição original querem bens primários: liberdades, oportunidades, riqueza, rendimento e as «bases

---

[55] Cf. Rawls, *O Liberalismo Político*, cit., p. 213 [*Political Liberalism*, cit., p. 217].

JOHN RAWLS: A JUSTIÇA COMO EQUIDADE | 59

sociais do respeito próprio»[56]. Ora, estes bens são particularmente adequados para a vida nas modernas economias capitalistas, baseadas no lucro. Podemos assim dizer que a posição original está de antemão pensada a favor de uma organização da sociedade individualista e baseada no comércio, em detrimento de outras formas de organização da sociedade e ignorando a importância que os bens comunitários e não comerciais poderiam ter na vida das pessoas.

Um segundo aspecto prende-se com a circunstância de as partes na posição original ignorarem as suas características naturais e sociais. Segundo Rawls, ninguém merece mais do que as outras a sua força, inteligência ou boa aparência, o facto de nascer de pais ricos e cultivados. Assim, os talentos naturais e sociais das pessoas são entendidos como bens comuns. Esta conclusão, porém, faz pouco sentido: dificilmente se poderá aceitar a ideia de que não merecemos beneficiar do uso que damos aos nossos talentos. E, no entanto, parece ser isso que Rawls, na prática, é levado a sustentar: mesmo a capacidade para fazer um esforço, ou de lutar por um objectivo, é de tal modo influenciada por factores sociais e naturais alheios ao nosso controlo que nunca poderíamos merecer os resultados desses esforços ou lutas.

Para além do que acaba de ser dito, há também quem sustente que os dois princípios da justiça são inconsistentes. Por um lado, podemos entender que o Princípio da Liberdade, que nos manda atribuir liberdades iguais, deveria também conduzir a uma distribuição rigorosamente igualitária dos recursos materiais, uma vez que os ricos podem fazer mais que os pobres, logo, dispõem de mais liberdade. Por outro lado, e em sentido exactamente oposto, podemos afirmar que respeitar a liberdade significa que não podemos impor quaisquer restrições à propriedade individual.

---

[56] Cf. Rawls, *Uma Teoria da Justiça*, cit., p. 69; idem, *O Liberalismo Político*, cit., p. 94 [*Political Liberalism*, cit., p. 76].

60 | INTRODUÇÃO AO PENSAMENTO POLÍTICO DO SÉCULO XX

Limitar a aquisição de propriedade ou o respectivo uso significa sempre reduzir a liberdade individual. Segundo este entendimento, é ilegítima toda a criação de impostos que não vise a manutenção do Estado nas suas funções básicas de segurança, designadamente a que vise efectuar transferências dos mais ricos para os mais pobres. A primeira acusação de inconsistência vem, por assim dizer, da esquerda. A segunda acusação promana da direita, ou pelo menos da direita libertária (ou do libertarismo de direita), e foi elaborada de modo mais desenvolvido por Robert Nozick, cujo pensamento abordaremos no capítulo V.

Podemos, sem dúvida, afirmar que a posição política de Rawls se desenvolve ao centro, mas, mais importante do que isso, devemos dizer que as acusações de inconsistência são incorrectas. A primeira joga com a velha distinção entre direitos e liberdades em sentido formal e em sentido material ou efectivo. Rawls acaba por deixar intocada a velha visão da prioridade das liberdades civis e políticas do liberalismo clássico, que são atribuídas por igual a todos, independentemente das condições que cada um tenha para as exercer em termos efectivos. Mas à distinção entre liberdades formais e liberdades materiais deve preferir-se uma outra, que distingue entre graus de exequibilidade em matéria de assegurar liberdades iguais. Nessa medida, é difícil pôr em causa a prioridade estabelecida por Rawls. A crítica libertária será adiante referida, mas desde já se pode adiantar que um dos seus principais problemas consiste na respectiva dependência de um sistema «genealógico» de justificação da propriedade que esbarra na dificuldade de articular um princípio de justiça na aquisição inicial de um bem externo.

Directamente relacionada com estas últimas observações, importa ainda considerar um outro aspecto. Trata-se do que diz respeito às dificuldades do conceito de liberdade e da sua prioridade na teoria de Rawls. Estas dificuldades foram objecto de um penetrante estudo de Hart. Este, por um lado, notava uma ambiguidade no pensamento de Rawls entre um entendimento da liberdade como *princípio geral* e a compreensão da liberdade como necessariamente decomposta em *liberdades básicas específicas*. Por outro lado, Hart apontava as dificuldades do princípio, afirmado por Rawls, segundo o qual a restrição de uma liberdade básica só pode ser fundamentada em nome de outra(s) liberdade(s) básica(s), e nunca por razões de bem público ou de valores perfeccionistas[57]. Rawls aceitou a primeira crítica, relativa à ambiguidade da sua formulação do princípio da liberdade, no sentido de que este não deve ser entendido como significando a liberdade enquanto tal, mas as específicas liberdades básicas[58], mantendo, todavia, o princípio da restrição das liberdades apenas com fundamento na protecção de outras liberdades.

Na sua crítica, Hart começou por sustentar que a formulação do primeiro princípio da justiça[59], como o princípio da mais ampla liberdade, e a formulação da regra de prioridade a ele associada, como regra de que a liberdade apenas pode ser restringida em prol da liberdade, seria contrária ao *direito de propriedade* reconhecido por Rawls como especificado pelo primeiro princípio. Esta oposição resultaria do facto de que ter algo como próprio equivale a ter a liberdade de

---

[57] É este o modo como Rawls formula o princípio em *O Liberalismo Político*, cit., p. 281 [*Political Liberalism*, cit., p. 295].

[58] Cf. Rawls, *O Liberalismo Político*, cit., p. 278, nota 8 [*Political Liberalism*, cit., p. 292, nota 7].

[59] Presente nos primeiros escritos de Rawls e sugerida por alguns passos de *Uma Teoria da Justiça*. Cf. Rawls, *A Theory of Justice*, Oxford University Press, Oxford, 1972 (1971), p. 60: «*each person is to have an equal right to the most extensive basic liberty compatible with a similar liberty for others*». (Não se cita aqui a edição portuguesa, porque esta já considera alterações introduzidas pelo próprio Rawls à versão original).

62 | INTRODUÇÃO AO PENSAMENTO POLÍTICO DO SÉCULO XX

usá-lo de maneiras negadas a outros. Deste modo, apenas seria compatível com a teoria de Rawls uma compreensão do primeiro princípio em que este surge especificado por liberdades determinadas[60]. Quanto à questão de saber se as liberdades básicas apenas podem ser limitadas com fundamento na protecção de outras liberdades básicas, ela remete para o problema da *prioridade* das liberdades básicas, entendidas como direitos civis e políticos, sobre a satisfação de necessidades básicas socioeconómicas. Rawls parece, por um lado, entender que esta prioridade apenas tem lugar em sociedades que se encontrem em condições razoavelmente favoráveis no que toca a recursos materiais[61] e, por outro, parece também admitir que o primeiro princípio da justiça seja precedido por «um princípio anterior de natureza lexical que requeira que as necessidades básicas dos cidadãos sejam satisfeitas, pelo menos, tanto quanto a sua satisfação seja necessária para os cidadãos compreenderem e serem capazes de exercer fecundamente esses direitos e liberdades»[62].

---

[60] Cf. Hart, «Rawls on Liberty and Its Priority», *cit.*, p. 227; Philip Pettit, «The Basic Liberties», in Matthew H. Kramer, Claire Grant, Ben Coldburn e Antony Hatzistavrou (orgs.), *The Legacy of H. L. A. Hart: Legal, Political, and Moral Philosophy*, Oxford University Press, Oxford, 2008, p. 203. Hart, *op. cit.*, pp. 228 e 230, considera o facto de Rawls aceitar o direito de propriedade sobre bens pessoais, mas de o recusar, sem grandes explicações, em relação aos meios de produção implica uma inconsistência na sua teoria, se esta for entendida como preconizando um direito igual à mais extensa liberdade (para uma crítica da teoria de Rawls relativa à propriedade, Cf. Miguel Nogueira de Brito, *A Justificação da Propriedade Privada numa Democracia Constitucional,* cit., pp. 824 e ss.).

[61] Cf. *Uma Teoria da Justiça*, cit., p. 132; *O Liberalismo Político*, cit., pp. 282-283 [*Political Liberalism*, cit., p. 297]; Cf., ainda, a crítica de Hart, «Ralws on Liberty and Its Priority», *cit.*, pp. 244 e ss.

[62] Cf. Rawls, *O Liberalismo Político*, cit., p. 36 [*Political Liberalism*, cit., p. 7].

A conclusão, que parece confirmar os ataques de inconsistência vindos da direita e da esquerda, a que há pouco aludi, é a de uma certa ambiguidade na definição da concepção de liberdade como base da teoria da justiça de Rawls. Mais ainda, uma certa ambiguidade quanto à questão de saber se é efectivamente a liberdade a base dessa teoria da justiça, depois transformada em concepção política da justiça.

Capítulo IV

Ronald Dworkin: a justiça como igualdade responsável

Igualdade e responsabilidade individual

Como atrás se sugeriu, o princípio da diferença não estabelece distinção entre desigualdades escolhidas (por exemplo, o rendimento de duas pessoas distintas, inicialmente aproximado, diferencia-se progressivamente em razão dos gostos simples de uma e extravagantes de outra) e desigualdades impostas (por exemplo, os talentos naturais e a posição social e económica inicial de cada um). E isto apesar de Rawls salientar a importância da nossa *«capacidade de assumir responsabilidade pelos nossos objectivos»* [63]. Poderia, assim, parecer necessário dar uma expressão mais adequada, na teoria da justiça, a esta diferença entre a posição de desi-

---

[63] Cf. Rawls, «Social Unity and Primary Goods», in Amartya Sen e Bernard Williams (orgs.), *Utilitarianism and beyond*, Cambridge University Press, Cambridge, 1982, p. 169.

66 | INTRODUÇÃO AO PENSAMENTO POLÍTICO DO SÉCULO XX

gualdade em que nos encontramos resultante de factores a que somos alheios e a posição de desigualdade em que caímos por motivos ligados à nossa vontade. É este o ponto de partida da análise de Ronald Dworkin. Diz Dworkin:

> «Rawls define o grupo mais desfavorecido apenas em termos dos recursos que os seus membros têm, sem discriminar entre aqueles que se encontram em má situação porque ficaram doentes ou tiveram má sorte e aqueles que se encontram em má situação porque escolheram não trabalhar tão arduamente como outros ou simplesmente escolheram não trabalhar. Assim, a sua proposta não faz depender, de forma alguma, o destino de um membro desta classe de mais desfavorecidos das suas escolhas pessoais ou responsabilidade; se uma pessoa está nesta classe receberá os benefícios redistributivos que forem necessários para fazer os membros dessa classe tão ricos quanto possam ser, sejam quais forem as escolhas que façam sobre o trabalho. Poderia melhorar a posição de conjunto da classe mais desfavorecida a circunstância de o Estado pagar benefícios não apenas àqueles que não podem trabalhar, mas também àqueles que podem fazê-lo e, em vez disso, preferem rebentar ondas na praia. Assim, também o esquema de Rawls corta a conexão entre escolha pessoal e destino pessoal que é exigida pelo princípio da responsabilidade pessoal.» [64]

Partindo desta observação, podemos encarar o pensamento político de Dworkin como uma forma de fazer avançar criticamente o projecto filosófico do liberalismo igualitário, antes esboçado por Rawls.

---

[64] Cf. Ronald Dworkin, *Is Democracy Possible Here? Principles for a New Political Debate*, Princeton University Press, Princeton e Oxford, 2006, pp. 103-104.

O liberalismo igualitário de Ronald Dworkin

Para melhor compreender o pensamento de Dworkin iremos estudar os seguintes seus aspectos, mesmo correndo o risco de alguma simplificação[65]: (*i*) os princípios do individualismo ético e a igualdade; (*ii*) o teste da inveja; (*iii*) um esquema imaginário de seguros sociais; (*iv*) um modelo real de economia igualitária; (*v*) a conexão entre liberdade e igualdade.

O ponto de partida consiste em conceber a igualdade como uma exigência directa daquele que Dworkin considera ser o primeiro princípio do individualismo ético, isto é, o princípio de que *cada vida humana tem um valor objectivo especial* e, consequentemente, não é possível atribuir mais valor a uma do que a outra. Ao mesmo tempo, o modo de estruturar a igualdade não pode deixar de lado o segundo princípio do individualismo ético, o princípio da *responsabilidade pessoal* de cada um pela realização da sua própria vida. Estes princípios são individualistas no sentido formal de que atribuem valor e impõem responsabilidade às pessoas individuais consideradas uma a uma[66].

Os governos que aceitam o primeiro princípio do individualismo ético – que Dworkin designa como o princípio do *valor intrínseco* (de cada pessoa) – devem tratar com igual preocupação todas as pessoas, o que significa não apenas uma atitude, mas a articulação de instituições concretas que visem também a realização de igualdade económica. Mas como entender esta última? Devem as sociedades e os governos ter o objectivo de fazer as pessoas iguais no seu

---

[65] Para uma visão mais completa, cf., do próprio Dworkin, *Sovereign Virtue: The Theory and Practice of Equality*, Harvard University Press, Cambridge (Mass.) e Londres, 2000.

[66] Cf. Dworkin, *Is Democracy Possible Here? Principles for a New Political Debate*, cit., pp. 9 e ss.

68 | INTRODUÇÃO AO PENSAMENTO POLÍTICO DO SÉCULO XX

bem-estar, isto é, iguais no seu prazer, felicidade ou outras formas de definição do seu bem-estar? Ou devem, pelo contrário, torná-las iguais nos recursos que controlam?

A tese de Dworkin é a de que a igualdade de bem-estar deve ser preterida a favor de uma *igualdade de recursos*. A principal razão para o efeito é simples de entender, se tivermos presentes os princípios do individualismo ético: uma comunidade que pretenda fazer as pessoas iguais no seu bem-estar precisa de uma *identificação colectiva* do que é o bem-estar e qualquer identificação colectiva do bem-estar viola os dois princípios do individualismo ético. Uma tal identificação viola o princípio do valor intrínseco, isto é, o princípio segundo o qual cada vida tem um valor especial, pois este significa que cada pessoa tem diferentes ambições e ideais para a sua vida, essencialmente incompatíveis com uma definição colectiva do bem-estar. Mas viola também o princípio da responsabilidade pessoal, segundo o qual a decisão sobre o bem-estar de cada um cabe a cada qual.

O problema não é, pois, saber o que é o bem-estar, mas saber como definir a justa parte de cada um nos recursos existentes numa sociedade. Uma resposta possível para esta questão consiste em dizer que todas as pessoas deveriam ter um nível idêntico de recursos, independentemente daquilo que venham a decidir fazer com tais recursos. No entanto, segundo Dworkin, «*aqueles que escolhem ser ociosos, ou escrever filosofia em vez de produzir aquilo que os outros valorizam mais e pelo qual estão dispostos a pagar mais, deveriam ter menos rendimento por essa razão*» ([67]). A verdadeira igualdade exige assim que o nível de recursos de cada um seja sensível às escolhas feitas pela pessoa em causa.

([67]) Cf. Dworkin, «Do Liberty and Equality Conflict?», in Paul Barker (org.), *Living as Equals*, Oxford University Press, Oxford, 1996, p. 45. A exposição do pensamento de Dworkin no texto baseia-se essencialmente neste seu artigo.

Dworkin defende, portanto, que uma distribuição igualitária de recursos não atribui a cada um montante igual de recursos, mas antes um montante de recursos distribuído de tal forma que cada um *não inveje* os recursos que os outros têm. Uma pessoa inveja os recursos de outra quando prefere os recursos desta última, bem como o padrão de trabalho e consumo que os produz, aos seus próprios recursos e escolhas.

Uma distribuição igualitária de recursos não se limita, pois, a distribuir um montante igual de recursos por todos. Ao mesmo tempo, essa distribuição, segundo o teste da inveja, pode ser alcançada em casos em que o bem-estar das pessoas é diferente. Se os projectos e ambições de uma pessoa são mais fáceis de satisfazer do que os de outra, então a primeira alcança um maior nível de bem-estar do que a segunda com a mesma quantidade de recursos.

Esta concepção de igualdade de recursos pode ser ilustrada através de uma situação imaginária. Imagine-se que um grupo de náufragos chega a uma ilha deserta com recursos abundantes. Como proceder a uma distribuição igualitária dos mesmos? Admitindo a verificação dos pressupostos que já discutiremos, o teste da inveja seria satisfeito e uma distribuição igualitária assegurada se todos os recursos fossem leiloados e todos os habitantes da ilha possuíssem um montante igual de moeda específica, como as conchas aí existentes, para licitar. Se o leilão fosse repetido até haver lotes que alguém estivesse disposto a licitar, o teste da inveja seria satisfeito. Em tal caso, ninguém preferiria os recursos que uma outra pessoa tivesse assegurado no leilão, pois se assim fosse essa pessoa teria licitado esses bens em vez dos próprios. Uma vez terminado o leilão, as pessoas seriam livres de produzir, trocar, investir e consumir segundo a sua vontade com base no montante de recursos atribuído segundo este procedimento à prova de inveja.

70 | INTRODUÇÃO AO PENSAMENTO POLÍTICO DO SÉCULO XX

Esta história imaginária apenas conduziria, no entanto, a tal resultado se se verificassem os pressupostos que há pouco se deixaram em suspenso. Trata-se da igualdade, já não dos recursos exteriores distribuídos, mas dos recursos das próprias pessoas a quem eles seriam distribuídos. Tais recursos pessoais (por oposição aos recursos impessoais objecto do leilão) consistem nas capacidades físicas e mentais das pessoas, desde a saúde aos talentos. Ora, se no decurso do leilão os recursos pessoais forem desiguais, o teste da inveja não será satisfeito. Mais do que os recursos impessoais licitados por determinada pessoa, uma outra invejará, com toda a probabilidade, os seus recursos pessoais. Na verdade, uma distribuição igualitária inicial de recursos impessoais será rapidamente superada numa situação de desigualdade de recursos pessoais. Para além disso, essa mesma distribuição igualitária inicial será também dramaticamente afectada pela má sorte de cada um, isto é, a má sorte em relação a riscos que não podiam ter sido antecipados, não em relação a riscos que se tenha decidido correr.

A história imaginada teria, pois, de ser revista, de forma a incluir entre os recursos disponíveis no leilão apólices de seguro contra um conjunto de riscos (acidentes, doenças e mesmo a perda de rendimentos), em troca de prémios cujos montantes seriam definidos no âmbito do leilão, sendo que tal definição estaria apenas sujeita à exigência de que o prémio a pagar por uma qualquer cobertura seria baseado no risco actuarial médio e não no risco individual.

A tentativa de modelar uma economia igualitária no mundo real sobre a história imaginária contada teria, pois, de considerar a introdução de esquemas compensatórios capazes de reparar, na medida do possível, desigualdades nas capacidades pessoais e na pura sorte.

Em situações do mundo real, Dworkin propõe um sistema de tributação e redistribuição, quer em fundos, quer em oportunidades de emprego, quer ainda em recursos como

RONALD DWORKIN: A JUSTIÇA COMO IGUALDADE RESPONSÁVEL | 71

assistência médica. Neste contexto, podemos perguntar que tipo de seguros as pessoas (com recursos iguais e com os conhecimentos e atitudes semelhantes àqueles que tem a maioria das pessoas de comunidades como a nossa) estariam dispostas a adquirir. Embora não possamos responder a esta questão de forma precisa, podemos pelo menos indicar respostas aproximadas que serviriam de base a um sistema de impostos progressivos: os impostos lançados seriam equivalentes aos prémios que, segundo é plausível presumir, seriam pagos. A redistribuição aos doentes, desempregados e pobres seria igual ao total da cobertura de seguros que tais prémios pagariam. Uma tributação redistributiva poderia assim reduzir a desigualdade de recursos, ainda que não lograsse estabelecer o nível de igualdade alcançado na ilha imaginária.

O esquema dos seguros imaginários serve a Dworkin para modelar as políticas redistributivas da vida real. Assim, pergunta-se que seguros de saúde faria sentido as pessoas comprarem no início das suas vidas profissionais. Parece claro (segundo Dworkin) que os seguros em causa não incluiriam a previsão de cuidados intensivos nos últimos meses das suas vidas. Seria mais racional gastar as elevadas somas exigidas por tal seguro em educação ou recreação. Do mesmo modo, quanto a saber se é correcto fazer depender a atribuição de um subsídio de desemprego da aceitação do trabalho disponível e de programas de formação, Dworkin equaciona uma questão semelhante. Suponhamos que no início das suas vidas profissionais são propostas às pessoas duas apólices de seguro de desemprego: uma contendo o requisito de sujeição ao trabalho disponível, a outra sem o mesmo requisito. Segundo Dworkin, mesmo que houvesse uma apólice com a segunda cobertura, o seu custo seria tão elevado que ninguém estaria disposto a pagá-lo[68].

---

[68] Cf. Dworkin, in Wilf Stevenson (org.), *Equality and the Modern Economy*, The Smith Institute, s. l., 1999, pp. 10-11.

72 | INTRODUÇÃO AO PENSAMENTO POLÍTICO DO SÉCULO XX

Diga-se, desde logo, que não é nada evidente o paralelismo traçado por Dworkin entre os impostos da vida real e os prémios do seu seguro imaginário. Mas mesmo admitindo que o pagamento dos impostos é o sucedâneo real dos prémios imaginários, não é convincente a explicação que Dworkin nos dá para a introdução de uma tributação progressiva. Segundo o autor, se modelássemos a estrutura dos impostos à luz da metáfora dos seguros concluiríamos pelo estabelecimento de impostos progressivos. Com efeito, uma vez que os compradores dos seguros pretendem manter o custos dos prémios tão baixo quanto possível, o modo mais eficiente de obter esse resultado consistiria em basear os prémios no rendimento, de modo a que a percentagem do seu rendimento pago em prémios subiria com o nível dos respectivos rendimentos, e aqueles que tivessem os rendimentos mais baixos pagariam substancialmente menos do que seria o caso se todos pagassem à mesma taxa[69]. A explicação é claramente insatisfatória: não é simplesmente verosímil traçar um paralelismo entre a lógica dos seguros, em que os maiores prémios pagam as maiores coberturas e os maiores riscos, e a lógica do sistema tributário, em que diferentes taxas de imposto estão associadas aos mesmos benefícios. Outras tentativas de explicar a introdução de uma ideia de progressividade nos prémios do mercado de seguros imaginário são igualmente desastradas: as empresas de seguros tenderiam a oferecer diferentes esquemas de prémios, com base nas diferenças de rendimento, uma vez que assim aumentariam o total dos prémios pagos[70]. A dificuldade consiste, evidentemente, em explicar como seria possível convencer os detentores de maiores rendimentos a pagar prémios de seguro mais altos, sem uma correspon-

---

[69] Cf. Dworkin, *Is Democracy Possible Here? Principles for a New Political Debate*, cit., p. 117.

[70] Cf. Dworkin, *Sovereign Virtue*, cit., p. 100.

dência efectiva no alcance das coberturas pagas. Seria, sem dúvida, necessário contar com mediadores de seguros pelo menos tão hábeis no seu negócio quanto Dworkin se mostra no seu.

Até agora falamos essencialmente de igualdade, mas se esta parece ser tida em vista pelo primeiro princípio do individualismo ético, já o respectivo segundo princípio parece apelar à liberdade. A liberdade é especificada pelo princípio da responsabilidade pessoal porque não pode haver responsabilidade se não houver liberdade de escolha.

Quando é que a minha liberdade é posta em causa? Quando a lei me proíbe de fazer aquilo que quero? Ou quando a lei me priva das oportunidades, ou possibilidades de escolha, para fazer aquilo que quero? Por outras palavras, a liberdade é um valor que protege a possibilidade de escolha ou, antes disso, a oportunidade de fazer escolhas? Dito ainda de outro modo: a liberdade é violada quando a lei restringe os usos da propriedade que um indivíduo tem, ou quando a lei altera os esquemas de propriedade actualmente existentes que permitem esses mesmos usos?

A primeira opção dá-nos um conceito meramente formal de liberdade, no sentido em que, segundo este conceito, o respeito da liberdade faz-se à custa da igualdade. Segundo este conceito, posso ser livre para fazer muitas coisas, mas não tenho quaisquer recursos necessários para fazê-las. A segunda opção tem o defeito oposto, na medida em que realiza a igualdade à custa da liberdade. Mas existe ainda uma terceira opção segundo a qual a interpretação da liberdade depende da prévia interpretação da igualdade: as proibições do uso da propriedade ou alterações do esquema de propriedade apenas violam a liberdade se limitarem a parte justa dos recursos de cada um. Não se trata de fazer depender a liberdade duma qualquer concepção prévia de justa distribuição prevalecente numa determinada comunidade, mas de fazê-la depender da *melhor teoria* da justa distribuição. Ao mesmo

74 | INTRODUÇÃO AO PENSAMENTO POLÍTICO DO SÉCULO XX

tempo, deve afastar-se a crítica segundo a qual é circular trazer a justiça distributiva e, por isso, a igualdade para a própria formulação do que seja a liberdade, uma vez que isso surge inevitavelmente no processo de interpretar a liberdade[71]. Neste sentido, a liberdade pode ser definida como *o direito de fazermos o que quisermos com os recursos que são nossos de acordo com um critério de justa repartição*[72]. São, assim, aceitáveis, em princípio, as restrições ou limitações da liberdade com base em justificações distributivas.

O mesmo se passa com as justificações que apelam ao valor intrínseco de um objecto impessoal ou estado de coisas, isto é, as justificações valorativas impessoais (como as restrições aos madeireiros em função da protecção da floresta). Pelo contrário, já não serão aceitáveis as restrições da liberdade com base em justificações valorativas pessoais, isto é, as justificações que apelam ou pressupõem uma teoria sobre quais os tipos de vida que são intrinsecamente bons ou maus para as pessoas que levam essas vidas. Assenta numa justificação valorativa pessoal, por exemplo, a proibição da «sodomia» com base na suposta imoralidade da prática sexual em causa[73]. Nessa medida, Dworkin tem por inaceitável a sua proibição.

Críticas ao liberalismo igualitário

Deixamos, por agora, suspensa a crítica ao argumento de Dworkin de fazer depender a liberdade da igualdade, ou de

---

[71] Cf. Dworkin, «Do Liberty and Equality Conflict?», cit., pp. 53 e 57.

[72] Cf. Dworkin, *Is Democracy Possible Here? Principles for a New Political Debate*, cit., p. 69.

[73] Cf. Dworkin, *Is Democracy Possible Here? Principles for a New Political Debate*, cit., pp. 70-71. O autor tem em vista as chamadas *sodomy laws*, que ainda vigoram formalmente nalguns estados norte-americanos.

fazer prevalecer esta última sobre a primeira. O que agora se afigura relevante é que as críticas dirigidas ao pensamento de Rawls valem, também, para o pensamento de Dworkin ou, em geral, para o liberalismo igualitário. As teorias de ambos os autores parecem prometer mais do que aquilo que chegam efectivamente a dar. Aos ideais igualitários, por vezes radicais na respectiva formulação, correspondem propostas reais realmente modestas e vagas, pelo menos quando comparadas com aqueles ideais. Não é, assim, de admirar que as teorias do liberalismo igualitário sejam objecto de críticas simultaneamente provindas da direita e da esquerda. No primeiro caso, porque dão demasiada expressão à ideia de distribuição igualitária de recursos; no segundo, porque não retiram dessa ideia todas as consequências que seriam desejáveis.

E ainda outra crítica se afigura possível. Não se trata já de sustentar que a igualdade foi longe de mais, ou ficou aquém do que seria desejável e possível, mas a ideia de que, segundo as concepções defendidas por Rawls e Dworkin, é possível ao liberal igualitário *ser ao mesmo tempo igualitário e rico*, e não ter qualquer preocupação com o estatuto moral da sua riqueza. Por outras palavras, se a questão da distribuição da riqueza é tratada *ex ante*, isto é, aquando da instituição de uma sociedade justa, ou o mais próximo possível desse ideal, não são depois levantados quaisquer constrangimentos à actuação egoísta dos agentes económicos. Uma vez terminada a deliberação das partes na posição original ou chegado o leilão ao seu termo, as pessoas são livres de produzir, trocar, investir e consumir segundo a sua vontade com base no montante de recursos que lhes caiba[74].

Por outro lado, a prioridade da igualdade sobre a liberdade no pensamento de Dworkin esconde, na realidade, um

---

[74] Cf. G. A. Cohen, *If You're an Egalitarian, How Come You're So Rich?*, Harvard University Press, Cambridge, Mass., 2000, pp. 122 e ss.; *idem, Rescuing Justice and Equality*, Harvard University Press, Cambridge, Mass., 2008, pp. 116 e ss.

76 | INTRODUÇÃO AO PENSAMENTO POLÍTICO DO SÉCULO XX

pendor economicista do autor. Já anteriormente se referiu uma frase que o indicia: «*aqueles que escolhem ser ociosos, ou escrever filosofia em vez de produzir aquilo que os outros valorizam mais e pelo qual estão dispostos a pagar mais, deveriam ter menos rendimento por essa razão*». Esta frase revela bem que as teses sobre a justiça de Dworkin não só não desafiam a «*civilização da produtividade*»[75], mas até a pressupõem.

Como se viu, o mesmo se passa também em alguma medida com o modo como Rawls caracteriza as partes na posição original. Mas tal como Dworkin pretende ir mais longe do que Rawls na atribuição de relevo à responsabilidade individual no seio da teoria da justiça, é também verdade que vai mais longe do que este no alinhamento com a «*civilização da produtividade*». A compreensão do que acaba de ser dito deve partir da seguinte questão: por que razão não se limita Dworkin a admitir que o papel da igualdade na distribuição de recursos acaba, na sua ilha imaginária, com a atribuição do mesmo número de conchas a todos os náufragos? A resposta é fácil de compreender: essa atribuição seria vã. Hegel explicou isto mesmo em termos claros:

> «A igualdade que se poderia querer introduzir em relação à distribuição dos bens seria, em qualquer caso, destruída novamente num curto espaço de tempo, uma vez que todos os recursos dependem da diligência. Aquilo que não é praticável não deve também ser posto em prática. Pois se os homens são certamente iguais, são-no apenas enquanto pessoas, quer dizer em relação à fonte das suas posses. Deste modo, todos deveriam ter propriedade. Se se quiser falar de igualdade, é esta igualdade que deve ser tida em vista. Mas esta igualdade é distinta da determinação da particularidade, da questão de quanto eu possuo. Aqui é falsa

---

[75] Cf. Will Kymlicka, *Contemporary Political Philosophy: An Introduction*, cit., p. 87.

a afirmação segundo a qual a justiça exige que seja igual a propriedade de cada um, pois ela apenas exige que cada um deve ter propriedade. A particularidade é onde encontra lugar a desigualdade e aí seria injusta a igualdade. É perfeitamente correcto afirmar que os homens muitas vezes obtêm o gozo dos bens dos outros; mas é precisamente isto que é contrário ao direito, uma vez que este é o que permanece indiferente à particularidade»[76].

Só uma distribuição que «internalize» a diligência poderá persistir. É ao privilegiar assim a diligência, isto é, a eficiência económica, que Dworkin mostra a sua parcialidade por uma *civilização da produtividade*.

De resto, esta parcialidade revela-se não apenas quando esteja em causa a definição dos limites da liberdade na esfera económica, mas também a sua definição desses mesmos limites no plano da moral. Também aqui devem ser abandonados quaisquer projectos de definições colectivas em prol do *«processo orgânico da decisão individual»*. Ou seja, das *«decisões discretas das pessoas individuais sobre o que produzir, o que comprar e a que preço, sobre o que ler e dizer, o que vestir, que música ouvir e a que deus, se é que a algum, orar»*[77]. O mercado reina, ou, pelo menos, reina um processo de decisão que tem no mercado a única expressão reconhecível.

A conclusão impõe-se: Dworkin não leva mais longe o projecto de Rawls, antes leva longe de mais uma concepção economicista do projecto da justiça igualitária que em Rawls

---

[76] Cf. Hegel, *Grundlinien der Philosophie des Rechts oder Naturrecht und Staatswissenschaft im Grundrisse, mit Hegels eigenhändingen Notizen und mündlichen Zusätzen* (1821), in *Werke in zwanzig Bänden*, Auf der Grundlage der Werke von 1832-1845 neu edierte Ausgabe von Eva Moldenhauer und Karl Markus Michel, Band 7, Frankfurt am Main, Suhrkamp Verlag, 1986 (1970), § 49 Zusatz, p. 114.

[77] Cf. Dworkin, *Is Democracy Possible Here? Principles for a New Political Debate*, cit., pp. 74-75.

surge ainda limitada, ainda que em termos não totalmente claros, pela prioridade que aí é atribuída à liberdade.

Capítulo V

Robert Nozick: a justiça como titularidade

Robert Nozick e o libertarismo: a crítica da justiça distributiva

Se o pensamento de Dworkin visa retomar e reforçar o projecto de Rawls sobre a justiça distributiva, Robert Nozick desenvolve as suas ideias em oposição assumida a Rawls. Segundo Nozick, o respeito pela liberdade, a que afinal se reconduz o primeiro dos dois princípios da justiça de Rawls, exclui não só o Princípio da Diferença, mas todo o princípio distributivo. Para compreender a construção de Nozick, é necessário começar por fazer algumas distinções. Assim, Nozick distingue entre teorias da justiça «*históricas*» e «*finais*». Estas últimas pressupõem a possibilidade de afirmar que uma situação é justa olhando simplesmente para a respectiva estrutura. Assim, se considerarmos que uma distribuição é justa apenas com base na descrição da respectiva estrutura, adoptaremos uma teoria final. Um exemplo: se fosse possível termos consciência da distribuição da riqueza no nosso

80 | INTRODUÇÃO AO PENSAMENTO POLÍTICO DO SÉCULO XX

País neste momento, a nossa conclusão sobre a sua justiça ou injustiça, com base na descrição efectuada, seria enquadrada numa teoria final. Pelo contrário, se pensarmos que é necessário obter mais informação sobre como as pessoas *obtiveram* os seus recursos, ou sobre os critérios com base nos quais os recursos *foram atribuídos*, então adoptaremos uma teoria histórica da justiça.

Entre estas últimas, podemos ainda distinguir entre teorias padronizadas e não padronizadas. As primeiras dizem-nos que a distribuição deve ser feita de acordo com um padrão: a cada um segundo a sua necessidade, segundo o seu mérito, etc. As teorias não padronizadas procedem de outro modo: a essência da distribuição justa resulta de as pessoas adquirirem os seus bens através de procedimentos legítimos. Segundo Nozick, a sua teoria é não-padronizada. Todas as outras são ou teorias finais ou, mais comummente, teorias históricas padronizadas. Toda elas podem ser derrotadas através de um único exemplo.

Nozick pede-nos que imaginemos uma sociedade regulada pelo nosso padrão favorito de justiça, seja ele qual for. A título de exemplo, admitamos que os recursos são distribuídos nessa sociedade de acordo com o princípio *«a cada um segundo as suas necessidades»*. Imaginemos agora que nessa mesma sociedade um certo jogador de basquetebol – Nozick chama-lhe Wilt Chamberlain, aproveitando o nome do famoso jogador de basquetebol norte-americano – chegou a um acordo com a sua equipa, segundo o qual recebe 25 cêntimos por cada espectador que assista a um jogo realizado em casa. Em tal exemplo, os espectadores não deixariam, naturalmente, de pagar os bilhetes para assistir aos jogos nos termos usuais. Imagine-se agora que no fim da temporada um milhão de pessoas gastou, cada uma, 25 cêntimos para os bolsos do jogador. O jogador arrecadou € 250 000 e assim temos uma nova distribuição de propriedade.

Nozick extrai diversas conclusões deste exemplo. A primeira é a de que um padrão de justiça na distribuição de recursos pode ser afectado pela livre acção das pessoas. A segunda conclusão prende-se com o seguinte: se a distribuição inicial de recursos era justa, a segunda, isto é, a que se verifica após o enriquecimento do jogador em mais 250 000 do que tinha inicialmente, é também justa, uma vez que resultou de comportamentos voluntários. Contra isto pode dizer-se que a circunstância de cada pessoa pagar 25 cêntimos voluntariamente não significa que seja também voluntária a distribuição de recursos posterior aos pagamentos. Afinal, poderia acontecer que nenhuma das pessoas soubesse que em resultado das suas acções o jogador enriqueceria 250 000 euros. Por outro lado, mesmo admitindo que a distribuição posterior é voluntária, isso não significa que seja justa, desde logo porque atribui mais poder ao jogador, que poderá não o exercer de forma justa.

A terceira conclusão de Nozick é a que se afigura decisiva, tornando supérfluas estas objecções. Os padrões de distribuição justa só podem ser postos em prática com *graves custos para a liberdade* das pessoas. Se as pessoas, através das suas acções livres, contrariam os padrões de distribuição de riqueza, a manutenção destes padrões exige que seja adoptada uma de duas vias: ou se excluem certas transacções, abolindo-se ou restringindo-se o funcionamento do mercado, ou se intervém constantemente neste último, tendo em vista a redistribuição da propriedade. Uma dessas formas de intervenção, a tributação dos rendimentos do trabalho, é equiparada por Nozick aos trabalhos forçados[78], no sentido em que aqueles que os pagam para possibilitar a redistribuição da propriedade não o fazem certamente de modo voluntário, nem ninguém lhes pergunta se é essa a sua vontade.

---

[78] Cf. Nozick, *Anarchy, State, and Utopia*, cit., p. 169.

82 | INTRODUÇÃO AO PENSAMENTO POLÍTICO DO SÉCULO XX

A teoria da justiça como titularidade

Em oposição às teorias da justiça que assentam num padrão, Nozick propõe aquela que designa como «*entitlement theory of justice*», o que significa uma teoria da justiça baseada nos títulos legítimos de propriedade. O ponto de partida de uma tal teoria é o de que a liberdade se mostra incompatível com os padrões («*liberty upsets patterns*») [79], como resultaria do anteriormente exposto. Para além disso, as teorias padronizadas da justiça tratam a produção de bens e a sua distribuição como duas questões separadas. Segundo Nozick, pelo contrário, não é possível encará-las como separadas: «*Quem faz alguma coisa, tendo comprado ou contratado todos os outros recursos usados no processo (transferindo alguns dos seus pertences no contexto desta cooperação de factores), tem direito a ela*». Assim, Nozick propõe uma máxima, destinada a competir com as máximas mais conhecidas das teorias padronizadas («*A cada um de acordo com as suas necessidades*»..., etc.). Tal máxima, ignorando a aquisição e a rectificação, rezaria assim: «*De cada um de acordo com o que ele escolhe fazer, a cada um de acordo com o que faz para si mesmo (talvez com a ajuda contratada de outros) e com o que os outros escolhem fazer por ele ou escolhem dar-lhe a partir do que lhes deram a eles previamente (segundo esta máxima) e ainda não gastaram ou transferiram*». De modo mais sintético: «*De cada um de acordo com o que escolhe, a cada um segundo é escolhido*» [80].

Estas afirmações não deixam de invocar a grande referência da teoria da justiça como titularidade de Nozick: Locke e a sua teoria da propriedade. E o grande problema da teoria de Locke está também aqui presente. Onde assenta, afinal, o meu título: na minha actividade, no meu trabalho, ou nos recursos materiais em que o aplico? Como

---

[79] Cf. Nozick, *Anarchy, State, and Utopia*, cit., p. 160.
[80] Cf. Nozick, *Anarchy, State, and Utopia*, cit., p. 160.

vamos ver, a resolução destes problemas conduz Nozick a resultados ainda mais inverosímeis do que os de Locke.

São três os princípios da teoria da justiça como titularidade: um princípio de *justiça na aquisição*, que especifica como pode uma pessoa tornar-se proprietária de uma coisa sem dono; um princípio de *justiça na transferência*, que especifica como pode alguém tornar-se legítimo proprietário de uma coisa que já é propriedade de alguém; e um princípio de *rectificação da injustiça*. Este último princípio parece desempenhar, como o próprio nome indica, uma função subsidiária, ainda que, como se verá, o mesmo acabe por inibir a aplicação prática da teoria da justiça como titularidade. O princípio da justiça na transferência, por seu turno, parece claro nas suas implicações: uma pessoa torna-se proprietária legítima de algo que é já propriedade de alguém apenas se esta última alienar a coisa livremente. É por esta razão que Nozick condena, como vimos, as prestações do Estado Social como injustas, uma vez que configuram uma redistribuição forçada de recursos. Mas este princípio é ainda importante ao evidenciar a tese da «propriedade de si mesmo», isto é, a tese segundo a qual só a própria pessoa tem o direito de decidir o que fazer com a sua vida, a sua liberdade e o seu corpo, porque estes apenas a si pertencem. A ideia de «propriedade de si mesmo» exprime o princípio kantiano de que «*os indivíduos são fins e não apenas meios, não podem ser sacrificados ou usados para a prossecução de outros fins sem o seu consentimento*» [81]. Tal ideia exclui certamente uma redistribuição forçada de partes do corpo [82]. Mas como passar da interdição da redistribuição de partes do corpo para a interdição da redistribuição de recursos materiais? É neste ponto que temos de passar do princípio da justiça na transferência para o princípio da justiça na aquisição.

---

[81] Cf. Nozick *Anarchy, State, and Utopia*, pp. 30-31.
[82] Cf. Nozick, *Anarchy, State, and Utopia*, cit., p. 206.

84 | INTRODUÇÃO AO PENSAMENTO POLÍTICO DO SÉCULO XX

Na verdade, as teses de Nozick levam a indagar sobre as condições iniciais da legitimidade da propriedade. Se percorrermos as cadeias de transferência legítima de propriedade, chegaremos à aquisição inicial. Simplesmente, Nozick não tem uma *teoria da aquisição inicial*. Em vez disso, baseia-se na teoria de Locke. Qual é, pois, segundo Nozick, o princípio de justiça na aquisição inicial de um bem externo, sobre que assenta a legitimidade de todos os títulos posteriores? Na verdade, o que aproveita de Locke não é verdadeiramente o argumento segundo o qual misturar o trabalho com os recursos exteriores conduz à propriedade, pelo menos em condições de abundância. Nozick formulou até a crítica decisiva a esse argumento: «*porque é que juntar uma coisa de que sou dono, com uma de que não sou, não constitui uma forma de perder a primeira, em vez de uma forma de ganhar a segunda?*» Não deveria o direito de propriedade exclusivo assim adquirido limitar-se ao valor acrescido produzido pelo trabalho, em vez de abranger todo o objecto? O que Nozick retira de Locke é a ideia de que a apropriação de um bem sem dono é legítima se não piorar a situação dos outros[83]. A apropriação de um bem não previamente submetido à propriedade justifica-se na medida em que a situação dos outros, doravante sem liberdade de usar o bem em causa, não seja desfavorecida em relação ao que era antes da apropriação. Em última análise, são os benefícios dos mecanismos capitalistas de distribuição que compensam a perda de liberdade de acesso aos recursos objecto de apropriação privada[84]. Mas é evidente que assim não se respeitam os ditames do imperativo kantiano sobre os quais supostamente assenta a teoria de Nozick: quem decide, afinal, se os alegados «benefícios» decorrentes da apropriação num sistema capitalista devem prevalecer sobre a prévia si-

---

[83] Cf. Nozick, *Anarchy, State, and Utopia*, pp. 174-175.
[84] Cf. Nozick, *Anarchy, State, and Utopia*, pp. 177 e 182.

tuação de *res nullius?* O índio, que anteriormente caçava em campo aberto, deve agora transformar-se em jornaleiro para sobreviver, mesmo se antes era respeitado como um chefe e agora é aceite como um subalterno? Por outro lado, o ponto de comparação com a situação de apropriação é sempre uma situação de não propriedade. Ora, essa não é certamente a única comparação possível.

Retomemos agora o princípio da rectificação: apesar do seu carácter subsidiário, sobre o mesmo já alguém questionou se, a levar a sério as especulações de Nozick sobre a matéria, não deveria a maioria dos Estados Unidos da América ser devolvida aos índios americanos[85]. Seja como for, da sua consideração resulta certamente que, em termos práticos, o alcance da teoria da justiça como titularidade se apresenta escasso. O próprio Nozick o admite, quando afirma que «não pode usar-se a análise e a teoria aqui apresentadas para condenar qualquer esquema em concreto de prestações sociais, a não ser que seja claro que nenhumas considerações de rectificação de injustiças poderiam aplicar-se para justificar tal esquema. Embora a introdução do socialismo como castigo para os nossos pecados fosse ir longe demais, as injustiças do passado poderiam ser tão grandes que tornariam necessário a curto prazo um maior Estado para rectificá-las»[86].

O Estado mínimo e a utopia

Resta-nos ainda abordar um outro aspecto da teoria de Nozick, isto é, a sua defesa de um Estado mínimo, ou um «Estado guarda-nocturno». Segundo Nozick, a existência

---

[85] Assim, David Lyons, cit. em Jonathan Wolff, *Robert Nozick: Property, Justice and the Minimal State*, Polity Press, Cambridge, 1991, p. 115.

[86] Cf. Nozick, *Anarchy, State, and Utopia*, p. 231.

86 | INTRODUÇÃO AO PENSAMENTO POLÍTICO DO SÉCULO XX

do Estado pode apenas justificar-se na medida em que proteja as pessoas contra a força, a fraude e o roubo, e ainda enquanto confere força aos contratos. O Estado existiria apenas para proteger direitos de propriedade, para além dos direitos civis e políticos, e violaria tais direitos se se envolvesse em programas socais mais extensos.

Nozick contesta assim a tese daqueles que pensam que o Estado deve promover o bem-estar social dos cidadãos, mas também a daqueles que acreditam ser o Estado a raiz de todo o mal. Já vimos em que termos desenvolve a primeira linha crítica. Interessa-nos agora explorar a segunda: por que razão não devem os privados organizar e assumir as funções que mesmo num Estado mínimo cabem exclusivamente aos poderes públicos, como a defesa, a segurança e o funcionamento da máquina judiciária, já para não falar da saúde, da educação e de outras formas de intervenção do estado social?

O objectivo de Nozick é, pois, o de justificar o surgimento do Estado a partir de uma situação de estado de natureza. O seu objectivo consiste, por outras palavras, em pôr em causa as teorias dos anarco-capitalistas que acreditam, como Locke, não apenas nos «direitos naturais», no sentido de direitos pré-políticos, mas também na existência de direitos de autodefesa no estado de natureza, que permitem a cada um «punir» os que violam os seus direitos naturais. Só que, ao contrário de Locke, os anarco-capitalistas não aceitam que as inconveniências de um estado de natureza em que a todos assistem direitos de autodefesa possam justificar, por si só, a instituição de um governo civil. Pelo contrário, acreditam que qualquer pessoa, especialmente as empresas especializadas, devem ser livres de vender no mercado a compradores individuais os serviços de protecção contra terceiros, tal como quaisquer outros bens disponíveis no mercado. Acreditam, por outras palavras, que um estado de natureza de tipo lockeano deve evoluir para um mercado capitalista na protecção dos direitos, em vez de ser substituído pelo Estado. O argumento de Nozick a favor de um Estado minimalista é também uma resposta a tais ideias[87].

Locke concebeu um estado de natureza individualista (embora aí incluísse a sociedade doméstica da família patriarcal) que daria lugar, sem solução de continuidade, ao Estado, pela maior eficácia deste último em assegurar os direitos naturais de todos. Nozick, pelo contrário, concebe a existência de sociedades intermédias no âmbito de um estado de natureza colectivo antes de surgir o Estado. No âmbito do estado de natureza, as pessoas terão propensão a confiar a sua defesa contra as violações dos seus direitos pelos outros a «*agências protectoras*». A existência inevitável de conflitos entre clientes de diferentes agências protectoras levará a conflitos armados entre estas. Temos assim um estado de natureza colectivo que induz o estabelecimento, em cada área geográfica, de uma só «*agência protectora dominante*», seja por coordenação entre as diferentes agências rivais, com a instituição de um sistema judicial de tipo federal, seja em resultado de uma agência eliminar as suas rivais. Podemos chamar «Estado» a esta «*agência protectora dominante*»? A resposta de Nozick é negativa, pelo menos num primeiro momento, pois subsistem indivíduos independentes que escolhem não contratar os serviços de protecção da agência dominante. Simplesmente, também estes independentes tenderão a favorecer sua posição nos conflitos com os clientes da agência dominante, o que cria um sério risco de punição injusta para estes últimos. Assim, a agência invocará o direito, em nome dos seus clientes, de proibir a autodefesa dos independentes contra estes. E uma vez que tem poder para tanto, acabará por deter o monopólio da «força». Temos assim o surgimento do Estado, mas não de

---

[87] Cf. Michael H. Lessnoff, *Political Theories of the Twentieth Century*, Blackwell, Oxford, 1999, p. 256.

88 | INTRODUÇÃO AO PENSAMENTO POLÍTICO DO SÉCULO XX

um Estado que possa sequer pretender ser justo. A razão é fácil de perceber: o Estado em causa não pretende defender os direitos de todos, mas apenas daqueles que paguem os seus serviços de protecção. Aos restantes, o Estado limita-se a proibir o uso da força. Do que se trata é, pois, de um Estado ultraminimalista; a passagem ao Estado minimalista envolve não apenas a protecção dos direitos de alguns com recurso à força, mas também o uso da força para proteger os direitos de todos.

Aqui surge um problema evidente para Nozick. Se o Estado que pretende ser justo, como os nossos Estados, é aquele que protege os direitos de todos – isto é, os direitos privados de cada um, mas também o direito à vida – com recurso à força, não envolve essa protecção um custo? E se houver quem não possa suportar os custos de tal protecção? Uma vez que a protecção é universal, não haverá também aqui uma transferência de recursos dos mais ricos para os mais pobres? Nozick alega que essa transferência de recursos não é redistribuição, mas sim uma compensação justa pela privação forçada dos direitos naturais dos mais pobres e da possibilidade que a estes assistia de fazê-los valer directamente[88]. Pode, no entanto, dar-se o caso de os pobres em causa não quererem exercer tal possibilidade – os ricos mais facilmente exigiriam a compensação em causa, uma vez que conseguiriam proteger-se mais eficazmente no estado de natureza – e, em tal caso, são necessariamente beneficiários de redistribuição. Na verdade, as agências protectoras, enquanto entidades com propósitos puramente comerciais, não estariam dispostas a providenciar os serviços de protecção colectiva que associamos à ideia de bem público, por exemplo, o policiamento das ruas para desencorajar e detectar o crime, e que por isso se tornam difíceis de obter no mercado.

---

[88] Cf. Nozick, *Anarchy, State, and Utopia*, p. 110.

Nozick não consegue, pois, explicar como pode uma «*agência protectora dominante*», que cobra preços pelos seus serviços, evoluir em direcção a um Estado, que cobra impostos mas não faz depender dessa cobrança a protecção dos direitos à segurança e à protecção judicial de todos, mesmo daqueles que não poderiam pagar esses serviços num cenário de estado de natureza. Regressamos, pois, a Locke: as inconveniências de um estado de natureza, seja ele individual ou colectivo, formado por «agências protectoras», são tão grandes que mais vale instituir o Estado, uma vez que só este assegura igual protecção de direitos a todos os seus membros. Em relação ao Estado, pode dizer-se, talvez com mais acerto do que em relação à propriedade, que as suas justificação e explicação assentam directamente na consciência de que o estado de coisas correspondente à sua ausência é absolutamente insatisfatório. Do que se trata é de pôr em evidência as vantagens que o facto da sua instituição, na medida em que promove a igual protecção dos direitos de todos, representa em relação à sua ausência[89].

Uma exposição do pensamento de Nozick, mesmo breve, não ficaria completa sem uma menção da sua visão da *utopia*, ou o melhor possível de todos os mundos. Para Nozick, esse mundo é-nos dado pelo Estado minimalista, uma vez que só ele possibilita ao maior número possível de pessoas viver do modo que lhes aprouver. O Estado minimalista constitui o melhor enquadramento institucional para a utopia porque facilita a existência de uma sociedade de comunidades de diversa índole, muitas delas antilibertárias, a que as pessoas

---

[89] Uma justificação da propriedade deste tipo é, como se sabe, a proposta por Hume no *Tratado da Natureza Humana*, Livro III, Parte II, Secção IV, tradução de Serafim da Silva Fontes, prefácio e revisão técnica de João Paulo Monteiro, Fundação Calouste Gulbenkian, Lisboa, 2001, pp. 594-595.

90 | INTRODUÇÃO AO PENSAMENTO POLÍTICO DO SÉCULO XX

podem aceder se forem admitidas e de que podem sair se o desejarem. O problema, é claro, reside na circunstância de as pessoas nasceram numa determinada comunidade, ou num Estado, não sendo realista pensar nestes fenómenos em termos puramente individualistas.

O juízo final sobre a teoria de Nozick que tem vindo a ser exposto foi formulado pelo próprio, num livro de 1989, nos seguintes termos: «*A posição libertária que em tempos defendi parece-me agora ser seriamente inadequada*» [90]. Este é, sem dúvida, um juízo que merece o nosso apoio. Conceber a liberdade apenas na base dos direitos de propriedade, com a justificação de que concebê-los a partir do direito a uma vida com sentido teria o inconveniente de nos levar a apropriar-nos de bens sobre os quais outros podem já ter constituído direitos de propriedade, implicaria a possibilidade de apresentar uma teoria consistente da justiça na aquisição. Nozick não consegue, manifestamente, apresentar uma tal teoria [91].

---

[90] Cf. *The Examined Life: Philosophical Meditations*, Simon and Schuster, Nova Iorque, 1989, p. 292.

[91] Cf. Miguel Nogueira de Brito, *A Justificação da Propriedade Privada numa Democracia Constitucional*, cit., pp. 469 e ss.

Capítulo VI

As reacções perfeccionista e comunitarista

O liberalismo neutral

Até agora tenho apresentado as várias versões do liberalismo no plano da justiça distributiva. Mas se neste plano existem divergências intransponíveis, o mesmo não se poderá dizer quanto à neutralidade que todos os liberais reclamam do Estado em relação às diferentes formas de vida adoptadas pelos seus membros. Aqui existe uma substancial afinidade de perspectivas, com a consequência de que as normas que restringem o comportamento dos cidadãos não podem fundar-se numa determinada visão do que é a vida boa, mas apenas limitar-se àquilo que seja necessário para proteger as iguais liberdades dos cidadãos.

Por outras palavras, o liberalismo rejeita uma ordem de valores ordenada hierarquicamente e metafisicamente alicerçada e afirma, em vez disso, a existência de uma pluralidade de concepções válidas do bem. De acordo com um modo liberal de ver as coisas, não existe uma ordem fixa de

92 | INTRODUÇÃO AO PENSAMENTO POLÍTICO DO SÉCULO XX

valores que possa ser determinada objectivamente para todas as pessoas. Diferentes pessoas atribuem diferentes graus de importância a coisas tão diversas como uma vida plena no sentido de bem-estar económico, a promoção da paz mundial, uma vida religiosa ou a celebração da beleza estética, mas nenhum destes ideais se impõe objectivamente aos outros ou existe independentemente das pessoas para quem assume importância.

Assim esboçada a noção de neutralidade liberal, é necessário precisá-la. Para isso, começarei por enunciar os seus traços característicos. Depois, tratarei das manifestações do liberalismo neutral. Finalmente, direi alguma coisa sobre as suas possíveis justificações.

O principal traço do liberalismo neutral é o individualismo. O individualismo não significa, em si mesmo ou directamente, que as pessoas devam viver as suas vidas divorciadas da história, da tradição ou da comunidade em que se inserem. Significa, no entanto, o privilegiar e o promover do interesse das pessoas em viver vidas autónomas, como quer que essas vidas sejam concebidas. Eventualmente, pode até acontecer que o sejam em estreita conexão com a história, a tradição e a comunidade. Simplesmente, essa conexão tem que assentar numa decisão individual.

Este traço individualista do liberalismo neutral tem duas consequências imediatas: o antipaternalismo e o antiperfeccionismo. O antipaternalismo significa que o Estado liberal não deve interferir na actuação autónoma de uma pessoa com vista a atingir o que ela entende ser o bem (para ela), mesmo que uma tal interferência pudesse ser mais apta a promover o bem para essa pessoa. O antiperfeccionismo significa a generalização da atitude antipaternalista que acaba de ser mencionada, implicando que o Estado liberal não promove o bem em geral para os seus cidadãos através de qualquer meio que possa violar o respeito pela sua vida autónoma.

AS REACÇÕES PERFECCIONISTA E COMUNITARISTA | 93

Passemos agora às manifestações do liberalismo neutral. Vou aqui considerar três dessas manifestações: a tentativa de preservar uma distinção entre público e privado; a afirmação da tolerância; a aceitação, e até mesmo celebração, da diversidade étnica e cultural.

A distinção entre público e privado procura salvaguardar um direito à privacidade e procura sustentar que apenas as acções susceptíveis de ter um impacto nas relações sociais podem ser objecto de controlo político. Pelo contrário, as actividades sem incidência na interacção social, envolvendo apenas o empenhamento dos indivíduos na prossecução daquilo que consideram valioso, permanecem fora do alcance do controlo público e situam-se no domínio privado. Assim encarada, a distinção entre público e privado parece remeter para uma distinção entre tipos de acção: privada é a acção que afecta apenas o agente, sendo pública uma acção que também afecta outros[92].

O princípio da tolerância envolve a aceitação de modos de vida, sistemas de valores e modos de expressão individual de que discordamos e que até nos podem merecer um juízo negativo.

Finalmente, não é incompatível com a tolerância a aceitação, até mesmo a promoção, da diversidade cultural. Não se trata agora de condescender com um estilo de vida que nos repugna, mas de aceitar o pluralismo cultural, a coexistência de pessoas de diferentes «raças», credos religiosos e até línguas.

Estas diversas articulações da neutralidade liberal estão, no entanto, sujeitas a concretizações muito diversas. Na verdade, pode até pensar-se que tais articulações podem, na realidade, conduzir a formas de manter a distinção entre formas de vida dominantes e marginais. Não é impossível

---

[92] Cf. Raymond Geuss, *Public Goods, Private Goods*, Princeton University Press, Princeton, 2001, p. 81.

94 | INTRODUÇÃO AO PENSAMENTO POLÍTICO DO SÉCULO XX

pensar, por exemplo, que as mesmas pessoas que estão dispostas a aceitar que o comportamento homossexual não possa ser criminalizado, desde que praticado por duas pessoas maiores e em privado, rejeitem que as pessoas homossexuais possam exercer funções, sem esconderem a sua orientação sexual, nas forças armadas, por exemplo. Nesta hipótese, a distinção entre público e privado constitui um modo de afirmar o poder da maioria contra uma minoria, definida pela sua orientação sexual. O que acaba de ser dito aponta, aliás, para um traço persistente da distinção entre público e privado: as coisas não se passam como se descobríssemos primeiro qual é a distinção entre público e privado e só depois determinassemos as atitudes de valor que devemos ter perante as duas esferas; o que acontece é que, dado os nossos valores e conhecimentos, decidimos aquilo que nos parece necessitar de regulação e só depois o qualificamos como público, surgindo o privado como um domínio residual[93]. O mesmo se passa com a tolerância: muitos aceitam, em nome da tolerância, que duas pessoas homossexuais vivam em conjunto, mas recusam caracterizar essa vivência como uma comunhão de vida. A tolerância é aqui assumida como uma alternativa a uma igualdade jurídica plena[94]. No Ocidente, achamos muito bonita e colorida a coexistência de pessoas de diferentes línguas e etnias no nosso país, mas esse sentimento pode não ser partilhado por grupos nacionais que adquiriram a sua independência real no contexto do colapso do império soviético e se vêem a si próprios como vítimas históricas quando confrontados com outros grupos, muito vezes minoritários nas fronteiras do novo Estado inde-

---

[93] Cf. Raymond Geuss, *Public Goods, Private Goods*, cit., pp. 85-86.

[94] Cf. Wendy Brown, *Regulating Aversion: Tolerance in the Age of Identity and Empire*, Princeton University Press, Princeton e Oxford, 2006, pp. 10-11 e 96-99.

pendente, que foram antes dominantes. Assim sucede com a Polónia em relação à minoria alemã, com a Roménia e a Sérvia em relação à minoria húngara, com a Croácia e a Bósnia em relação à minoria sérvia, ou com a Ucrânia em relação à minoria russa[95].

Finalmente, importa abordar as justificações do liberalismo neutral. A justificação mais simples é a menos aceitável, mas também possivelmente a mais difundida. Trata-se do *cepticismo moral*. Numa das suas versões, as concepções sobre o bem, sobre o que é uma vida valiosa, seriam pura e simplesmente insusceptíveis de ser verdadeiras ou falsas, podendo apenas ser entendidas como expressão de emoções. Nesta versão mais radical, o cepticismo põe em causa, como é bom de ver, os próprios valores de liberdade e igualdade em que assenta o liberalismo neutral.

Há, sem dúvida, versões menos radicais do cepticismo moral, mas estas não se autonomizam das restantes justificações do neutralismo. Assim, podemos sustentar que, se uma concepção sobre o bem não é insusceptível de justificação, a justificação que podemos avançar não é válida para todos os tempos e lugares e está essencialmente sujeita a revisão. Em vez do cepticismo, estaremos assim perante um tipo de *falibilismo* dos valores que precisamente acentua a dependência de uma concepção do bem em relação a algum tipo de discussão pública.

O segundo tipo de razões que justifica a neutralidade diz respeito à *prioridade da justiça* sobre o bem, segundo uma expressão muito usada por John Rawls (embora este falasse da prioridade do direito sobre o bem[96]). Com esta afirmação, não se pretende necessariamente sustentar que as concep-

---

[95] Cf. Will Kymlicka, *Multicultural Odysseys: Navigating the New International Politics of Diversity*, Oxford University Press, Oxford, 2007, p. 185.

[96] Cf. John Rawls, *O Liberalismo Político*, cit., p. 175 [*Political Liberalism*, cit., p. 173].

96 | INTRODUÇÃO AO PENSAMENTO POLÍTICO DO SÉCULO XX

ções do bem não possam ser válidas, mas apenas que é mais importante regular relações sociais justas do que promover concepções sobre o bem, mesmo que sejam válidas. Dito de outro modo, as concepções sobre o bem podem apenas florescer no horizonte de uma estrutura social justa. Posto ainda de outra maneira: para uma concepção liberal do Estado, existe uma pluralidade de concepções do bem, embora não se admita uma pluralidade de concepções de justiça para regular a estrutura básica de uma sociedade. É claro que a noção de prioridade da justiça não constitui um princípio de justificação última. Tal noção remete para uma outra, mais fundamental, segundo a qual todas as pessoas, entendidas como racionais e autónomas, se relacionam como iguais no que diz respeito à organização básica de uma sociedade.

Finalmente, o terceiro conjunto de razões que sustentam o liberalismo neutral consiste no respeito pela autonomia das pessoas que vivem numa determinada sociedade enquanto princípio de *legitimidade das decisões colectivas* adoptadas no seu seio. A autoridade do poder político do Estado sobre a sociedade apenas existe se as pessoas sujeitas a essa autoridade puderem aceitá-la como legítima, através, designadamente, do consentimento popular, mas também através da justificação das decisões do poder político com base em princípios que não digam respeito a concepções contestadas sobre o bem[97].

O liberalismo perfeccionista

O perfeccionismo consiste na concepção segundo a qual a vida humana pode ser avaliada em termos de certas *capacidades humanas* ou *bens objectivos*, sendo que é a maior reali-

---

[97] Cf. estas três justificações em John Christman, *Social and Political Philosophy: A Contemporary Introduction*, Routledge, Londres e Nova Iorque, 2002, pp. 100-103.

zação de umas ou outros que marca o valor comparativo de uma vida particular[98].

Podemos falar de um perfeccionismo antigo e moderno. O primeiro aproxima-se do pensamento de Aristóteles na medida em que considera que certas características dos seres humanos, como a sua racionalidade e o seu saber prático, implicam padrões de desenvolvimento, ou virtudes, que podem, em princípio, ser usadas para avaliar uma determinada vida humana. Consequentemente, as instituições políticas e sociais deveriam ser configuradas tendo em vista a promoção das virtudes. E as virtudes encontram-se definidas como as disposições de carácter ou qualidades necessárias ao desenvolvimento humano da pessoa. As virtudes morais básicas seriam a coragem (ou «fortaleza»), a temperança (ou «moderação»), a sabedoria (ou «prudência») e a justiça (a esta enumeração aristotélica das virtudes morais, S. Tomás de Aquino acrescentou as «virtudes teológicas»: a fé, a esperança e a caridade ou amor).

O perfeccionismo moderno baseia-se na visão mais modesta de que certas formas de vida são mais valiosas do que outras e só essas formas de vida dão sentido ao princípio da autonomia. As concepções modernas do perfeccionismo são liberais na medida em que incluem a *autonomia* como um dos elementos de uma concepção do bem. Assim, para Joseph Raz, «o princípio da autonomia é um princípio perfeccionista. A vida autónoma é valiosa apenas se for usada na prossecução de projectos e relações aceitáveis e valiosos. O princípio da autonomia permite e até exige que os governos criem oportunidades moralmente valiosas e eliminem aquelas que são repugnantes»[99].

---

[98] Cf. Steven Wall, «Perfectionism in Moral and Political Philosophy», in *Stanford Encyclopedia of Philosophy*, disponível em http://plato.stanford.edu/entries/perfectionism-moral/.

[99] Cf. Joseph Raz, *The Morality of Freedom*, Clarendon Press, Oxford, 1986, p. 417.

98 | INTRODUÇÃO AO PENSAMENTO POLÍTICO DO SÉCULO XX

Em qualquer caso, o que se apresenta como característico do perfeccionismo é a ideia de que a determinação daquilo que é bom para os seres humanos é válido independentemente dos desejos e juízos humanos sobre aquilo que é bom.

Resulta claro o contraste entre o liberalismo neutral e o liberalismo perfeccionista, mesmo apoiado numa visão moderna do perfeccionismo. Ambos valorizam a autonomia, mas o primeiro entende-a no contexto de um modo de ver em que *a justiça* surge como o primeiro princípio das instituições sociais, enquanto o segundo a encara como um aspecto central da concepção *do bem* que essas mesmas instituições são chamadas a proteger e promover.

O perfeccionismo apresenta-se, pois, como uma filosofia política que visa criticar o liberalismo neutral. Mais do que isso, trata-se de uma filosofia política que pretende substituir-se ao liberalismo neutral.

A crítica procede da ideia de que a autonomia, aspecto central do liberalismo neutral, pode ser superada por outro princípio num caso concreto. Assim, a protecção da vida das pessoas faz-se à custa da limitação da respectiva autonomia em casos tão significativos como a proibição de drogas perigosas ou a obrigação do uso de cinto de segurança. A isto pode responder-se que estas limitações ao princípio da autonomia não decorrem do reconhecimento de outros princípios, mas da necessidade de limitar custos em matéria de saúde. Por outro lado, pode ainda argumentar-se – contra a ideia de que a autonomia seria um simples valor a ter em conta na adopção de decisões colectivas, e como tal susceptível de ser afastado por outros princípios ou valores – que a mesma autonomia é um elemento constitutivo do compromisso de uma pessoa em relação a qualquer outro valor. Mas este entendimento não é imune à crítica perfeccionista, nos seguintes termos: o valor de uma opção não é função exclusiva da sua adopção autónoma por uma pessoa. Com efeito, escolher autonomamente como ambição

AS REACÇÕES PERFECCIONISTA E COMUNITARISTA | 99

de vida cortar a relva do meu quintal não torna essa escolha mais válida do que ser induzido, de forma não autónoma, a apreciar as grandes obras de arte do mundo.

Passando da crítica à superação do liberalismo neutral, dir-se-á que o perfeccionismo é composto por uma concepção sobre o que é o bem para os seres humanos e um argumento segundo o qual as políticas do Estado devem ser guiadas pelo objectivo de promover o bem entre os cidadãos. Desde logo, importa descartar uma dificuldade aparente, segundo a qual o perfeccionismo implica necessariamente que o Estado possa coagir os seus cidadãos a adoptar alguma visão do bem e da excelência humana. Como parece evidente, a promoção de um bem (pela educação, por exemplo) não se faz necessariamente através da sua imposição coactiva, que, em regra, seria até contraproducente.

Os perfeccionistas podem ainda sustentar que os valores imunes à escolha são relativos a uma determinada comunidade, situada no tempo e no espaço, ou que esses mesmos valores são válidos para todas as culturas e comunidades. No primeiro caso, será necessário demonstrar que os valores de uma comunidade podem ser determinados sem as práticas sociais tolerantes, livres e abertas exigidas pela cultura do próprio liberalismo. Mas pode também sustentar-se que esses valores se identificam com tais práticas e cultura. Por outras palavras, as práticas e cultura do liberalismo são a base dos tais valores imunes à escolha. No segundo caso, torna-se imprescindível especificar uma lista de valores objectivos susceptível de fundamentar políticas sociais concretas. Simplesmente, essa tarefa mostra-se vã. Se é certo que seríamos tentados a incluir em tal lista a saúde física e a vida longa, seríamos confrontados com uma longa lista de pessoas que privilegiaram a criatividade artística ou a caridade sobre a saúde ou a longevidade. Para além disso, neste último caso, somos ainda confrontados com a objecção decorrente da lei de Hume, isto é, com a objecção segundo a qual

100 | INTRODUÇÃO AO PENSAMENTO POLÍTICO DO SÉCULO XX

não podemos inferir a existência de valores a partir de uma descrição, em termos de puros factos, da estrutura orgânica humana, a menos que tenhamos já introduzido esses juízos de valor nas premissas do argumento.

Seja como for, permanece um desafio colocado pelo perfeccionismo: se as concepções sobre o bem e o que é valioso para a vida das pessoas são aquilo que maior significado assume para elas, por que razão devem essas concepções ser arredadas da justificação pública das políticas adoptadas pelo Estado?

O liberalismo igualitário procura responder a esta questão. Rawls, aliás, formulou-a nos seguintes termos: «Como pode ser razoável ou racional, quando estão em causa questões básicas, os cidadãos apelarem apenas para uma concepção política de justiça e não para toda a verdade, tal como eles a entendem?» ([100]) Como se recordará, uma concepção política da justiça não se pretende aplicar a todos os objectos possíveis, mas apenas à estrutura básica da sociedade ([101]) e, em parte como consequência disso, deve ser apresentada como implícita na cultura política de uma sociedade e independente das doutrinas morais abrangentes. Estas últimas, ao mesmo tempo que visam regular todos os objectos possíveis desde as relações entre os indivíduos às relações internacionais, tendem também a incluir concepções sobre aquilo que deve ser considerado como *valioso na vida humana*, designadamente ideais de virtude pessoal e carácter. Pelo contrário, a concepção política da justiça faz apelo apenas à

([100]) Cf. Rawls, *O Liberalismo Político*, cit., p. 212 [*Political Liberalism*, cit., p. 216].

([101]) E não esqueçamos que, para Rawls, a «estrutura básica da sociedade» é constituída pelas principais instituições políticas, sociais e económicas de uma democracia constitucional moderna e o modo como se conjugam num sistema unificado de cooperação social perdurável ao longo de gerações (Cf. Rawls, *O Liberalismo Político*, cit., p. 40 [*Political Liberalism*, cit., p. 11]).

AS REACÇÕES PERFECCIONISTA E COMUNITARISTA | 101

razão pública, isto é, ao modo de argumentação que usa os conceitos racionais de *juízo, inferência* e *prova*, mas também as virtudes da razoabilidade presentes na adesão a critérios e procedimentos de conhecimento do senso comum e aos métodos e conclusões da ciência que não sejam controvertidos. A razão pública é, pois, a razão de cidadãos iguais que enquanto corpo colectivo se impõem mutuamente regras apoiadas pelo poder do Estado, em especial pelo recurso a sanções e aos mecanismos de execução coerciva (*enforcement*). A razão assim encarada é *pública* porque procede através de métodos de raciocínio acessíveis a todos[102]. Os tribunais, e os tribunais constitucionais em especial, surgem como a instância por excelência do exercício da razão pública[103]. Os seus juízes não devem julgar enquanto membros de uma confissão religiosa ou adeptos de uma orientação filosófica abrangente, seguindo os respectivos ditames até às últimas consequências, antes devem procurar que as suas decisões assentem em razões que possam ser aceites por todos os cidadãos, independentemente do credo ou convicções destes últimos. É este o princípio liberal da legitimidade expresso no *dever de civilidade* que impende sobre todos aqueles que exercem cargos públicos, ou mesmo sobre todos aqueles que exercem os deveres de cidadania, e segundo o qual devemos ser capazes de sustentar as nossas tomadas de posição sobre questões fundamentais em princípios e ideias aceitáveis pelos outros como razoáveis e racionais. Só assim se torna possível limitar o exercício do poder.

A resposta de Rawls àquele que designa como o *paradoxo da razão pública*, começando por presumir o facto do pluralismo razoável, já antes mencionado, passa pelo encontro das diversas doutrinas abrangentes na concepção política da

---

[102] Cf. Rawls, *Justice as Fairness*, cit., p. 92.
[103] Cf. Rawls, *O Liberalismo Político*, cit., pp. 225 e ss. [*Political Liberalism*, cit., pp. 231 e ss.].

102 | INTRODUÇÃO AO PENSAMENTO POLÍTICO DO SÉCULO XX

justiça. Os cidadãos afirmam o ideal da razão pública não em resultado de um compromisso político, mas a partir das suas doutrinas abrangentes razoáveis([104]). Onde vamos nós, no entanto, encontrar os recursos para esta limitação das pretensões das doutrinas abrangentes? No seu próprio interior, ou a partir de fora? No primeiro caso, parece que o próprio estatuto teórico da concepção política da justiça é meramente derivado, podendo ser obtido a partir do interior das próprias doutrinas abrangentes; no segundo caso, essa mesma ameaça incide sobre as doutrinas abrangentes, na medida em que são agora estas que têm um estatuto meramente derivado, existindo como puras concessões da concepção política da justiça. Torna-se, neste momento, claro que só faz verdadeiramente sentido falar de um paradoxo da razão pública, no sentido tido em vista por Rawls, se a limitação das pretensões das doutrinas abrangentes em homenagem àquela for obtida a partir do interior das próprias doutrinas abrangentes. É fácil de perceber porquê: são as mesmas doutrinas abrangentes que se consideram habilitadas a alcançar a verdade que se impõem limites a si próprias em questões públicas. É nisto que reside o paradoxo: ser detentor da verdade e não a perseguir até às últimas consequências e em todos os domínios.

Um tal entendimento do paradoxo é claramente perceptível no pensamento de S. Tomás de Aquino (c. 1225--1274) sobre o bem comum específico do Estado, com base na distinção entre o fim da lei humana e o fim da lei divina: *«o fim da lei humana é a tranquilidade temporal do Estado, um fim que a lei atinge através da proibição coibindo actos externos na medida em que os mesmos sejam males que possam perturbar a condição pacífica do Estado»* ([105]). Segundo este modo de ver,

---

([104]) Cf. Rawls, *O Liberalismo Político*, cit., p. 214 [*Political Liberalism*, cit., p. 218].

([105]) Cf. *Summa Theologiae*, I-II, q. 98, a. 1c. Tem também interesse a este propósito o seguinte passo: «Pela lei humana, não

AS REACÇÕES PERFECCIONISTA E COMUNITARISTA | 103

o direito do Estado não pode legitimamente regular todas as condutas exigidas pela razão prática, apresentando-se como limitado o seu bem comum específico. Para além disso, não pertencem ao bem comum do Estado bens relativos aos indivíduos em si mesmos, como a fé religiosa, nem tão pouco o bem comum duma comunidade distinta do Estado como uma Igreja. O bem comum específico do Estado enquanto comunidade política é o bem público, distinto do bem privado dos indivíduos e do bem privado comum das famílias([106]). Cabe, no entanto, perguntar se, na perspectiva em que se coloca Rawls, o paradoxo da razão pública não seria de formular nos termos exactamente inversos: tratar-se-ia, antes, de a razão pública tolerar a presença de doutrinas abrangentes, muito embora as mesmas em nada possam, ou devam, contribuir para as decisões da comunidade política.

Seja como for, parece que, apesar de tudo, a resposta de Rawls não consegue estabelecer uma relação satisfatória de coordenação entre a concepção política da justiça e as doutrinas abrangentes: a primeira, ou uma das segundas, deve prevalecer na configuração da estrutura básica da sociedade. Por essa mesma razão, torna-se impossível excluir por completo uma de duas alternativas. A primeira delas decorre do que poderíamos chamar o *pluralismo radical*: se os sistemas de valor, os compromissos religiosos, as concepções de vida adoptadas pelos cidadãos são tão diversos quanto

---

são proibidos todos os vícios, de que se abstêm os virtuosos, mas apenas os mais graves, de que é possível à maior parte da multidão abster-se, e sobretudo os que são em prejuízo alheio, sem cuja proibição a sociedade humana não poderia conservar-se; assim se proíbe o homicídio, o furto e semelhantes.» (*ibidem*, I$^{\underline{a}}$-II^{ae} q. 96 a. 2 co.). Agradeço ao Pedro Múrias a chamada de atenção para a relevância do pensamento de S. Tomás de Aquino a este propósito.

([106]) Cf. John Finnis, *Aquinas: Moral, Political, and Legal Theory*, Oxford University Press, Oxford, 1998, pp. 222-228.

104 | INTRODUÇÃO AO PENSAMENTO POLÍTICO DO SÉCULO XX

parecem nas nossas democracias ocidentais, torna-se claro que nenhum conjunto de princípios pode ser justificado filosoficamente para esse mesmo conjunto de cidadãos. Estamos assim condenados a um convívio entre concepções abrangentes segundo um modelo de compromisso, como num *modus vivendi*, situação que Rawls pretende precisamente evitar[107]. A segunda objecção consiste em não existir qualquer razão para se excluir por completo a possibilidade de alguns valores serem objectivamente válidos para todos os seres humanos e, como tal, apoiados pela razão, como advogam os perfeccionistas[108]. Em tal caso, resta à concepção política da justiça tornar-se uma doutrina abrangente (na verdade, voltar a ser, retomando o estatuto teórico que era o seu na arquitectura de *Uma Teoria da Justiça*) ou sucumbir perante estas.

A crítica comunitarista: a pobreza do eu liberal

O compromisso do liberalismo com a ideia de neutralidade do Estado em relação a concepções do bem deu também azo à crítica comunitarista, que agrupa diversos autores. Não se pretende aqui desenvolver essa crítica em todas as suas dimensões, mas sim apontar alguns dos seus aspectos mais importantes. Um deles diz respeito à acusação de que o *liberalismo padeceria de um hiper-individualismo*, ao basear-se na ideia de que o poder político é apenas legítimo quando

---

[107] Cf. Rawls, *O Liberalismo Político*, cit., p. 153 [*Political Liberalism*, cit., p. 147]. A este propósito, cf. a instrutiva discussão de Charles Larmore em *Patterns of Moral Complexity*, Cambridge University Press, Cambridge, 1987, pp. 74 e ss. e 123 e ss., e a sua distinção entre uma perspectiva *modus vivendi* e uma perspectiva expressivista da neutralidade política.

[108] Cf. John Christman, *Social and Political Philosophy: A Contemporary Introduction*, cit., pp. 116-117.

AS REACÇÕES PERFECCIONISTA E COMUNITARISTA | 105

possa ser aceite pelos cidadãos considerados como agentes autónomos racionais.

Qual é, pois, a ideia do eu, do agente moral, subjacente ao liberalismo? Rawls sumaria a concepção do eu liberal com esta afirmação: «*o eu é anterior aos objectivos que defende*»[109]. Isto significa que podemos sempre colocar-nos do lado de fora de um projecto de vida determinado e questionar se verdadeiramente o desejamos. Esta é uma visão kantiana do eu, considerando que Kant foi um dos maiores defensores da ideia de que o eu é anterior aos papéis e relações sociais e é apenas livre se for capaz de encará-los com distanciamento e avaliá-los segundo os ditames da razão.

Deste modo, o eu de Rawls é um sujeito que se situa sempre a uma certa distância dos seus interesses. Segundo Michael Sandel, um dos autores que mais exploraram a crítica comunitarista do liberalismo, «*uma das consequências desta distância consiste em pôr o eu fora do alcance da experiência, fazê--lo invulnerável, arranjar a sua identidade de uma vez por todas. Nenhum compromisso poderá atingir-me tão profundamente que eu não possa compreender-me sem ele. Nenhuma alteração de objectivos e planos de vida pode ser tão perturbadora a ponto de romper os contornos da minha identidade. Nenhum projecto pode ser tão essencial que o afastar-me possa pôr em questão a pessoa que eu sou. Dada a minha independência em relação aos valores que tenho, posso sempre existir sem eles; a minha identidade pública enquanto pessoa moral "não é afectada pelas mudanças ao longo do tempo" na minha concepção do bem*»[110].

O eu liberal é um «*eu livre e desimpedido*» (*unencumbered self*). Assim entendidos, «*somos certamente livres de nos juntarmos a outros em associações voluntárias e como tal capazes de comunidade no sentido cooperativo. Aquilo que é negado ao eu de*

---

[109] Cf. John Rawls, *Uma Teoria da Justiça*, cit., p. 422.
[110] Cf. Michael J. Sandel, *Liberalism and the Limits of Justice*, Cambridge University Press, Cambridge, 1982, p. 62.

106 | INTRODUÇÃO AO PENSAMENTO POLÍTICO DO SÉCULO XX

simpedido é a possibilidade de ser membro de uma comunidade unida por vínculos morais anteriores à escolha; não pode pertencer a qualquer comunidade em que o próprio eu pudesse estar em causa. Uma tal comunidade – chamemos-lhe constitutiva *por oposição à comunidade meramente cooperativa – buliria com a identidade, bem como com os interesses dos participantes, e assim implicaria os seus membros numa cidadania mais completa do que aquela que o eu livre e desimpedido pode conhecer».* Michael Sandel não contesta que este possa até ser um projecto excitante; nega apenas que seja viável ou que possa dar sentido à nossa vida política e moral efectiva([111]).

A crítica de Sandel que expus pode ser entendida como uma pretensão metafísica, se se considerar que as pessoas devem ser compreendidas, em termos de estatuto ontológico, como sendo *constituídas pelas suas relações com outros* ou *comprometidas com valores,* sem os quais «deixariam de ser o que são». Este entendimento ontológico, contudo, seria tão controverso como aquele que se pretende criticar, pois não podemos excluir a possibilidade de existirem muito indivíduos que sofrem mudanças radicais nas suas vidas sem deixarem de ser as mesmas pessoas. Ao mesmo tempo que se deve excluir a compreensão da pessoa como alheia aos seus interesses, deve também negar-se a sua compreensão como totalmente constituída por eles.

Podemos, no entanto, considerar que a crítica pretende apenas chamar a atenção para a circunstância de que as pessoas, algumas, a maioria, ou mesmo todas, pelo menos às vezes, compreendem aspectos da sua personalidade (comunitariamente integrada com referência a valores) como sendo de tal forma constitutivos da sua identidade que se tornam incapazes de pô-los em causa ou de encará-los a

---

([111]) Cf. Michael Sandel, «The Procedural Republic and the Unencumbered Self», in *idem, Public Philosophy: Essays on Morality in Politics,* Harvard University Press, Cambridge, Mass., 2005, p. 163.

AS REACÇÕES PERFECCIONISTA E COMUNITARISTA | 107

partir de fora. Ao não atentar nestes aspectos e ao colocar, pelo contrário, a pessoa fora do alcance da política, o liberalismo neutral ignora a possibilidade de as pessoas encontrarem em comum um bem a que não podem aceder isoladamente[112].

Continuação: vínculos comunitários

O segundo aspecto da crítica comunitarista que pretendo desenvolver critica o liberalismo neutral por negligenciar as *condições sociais* necessárias para que a pessoa possa *realizar-se.* Para Charles Taylor, segundo uma visão liberal atomista, os indivíduos não necessitam de qualquer contexto comunitário para desenvolver e exercer o seu sentido de autodeterminação.

A primeira coisa a dizer em relação a esta crítica é que alguns autores que defendem o liberalismo neutral, como Rawls e Dworkin, não negam esta tese social e reconhecem, pelo contrário, que a autonomia individual não pode ser exercida fora de um ambiente social que confere sentido às escolhas de cada um e até sustenta e promove a sua capacidade de escolher entre várias alternativas. Existirá, então, uma verdadeira incompatibilidade entre a tese de que os vínculos comunitários são necessários para a autonomia individual e o liberalismo neutral? A tese de Taylor e outros (incluindo Raz) a este propósito é a de que só uma política centrada no *bem comum*, e não uma política que se pretenda neutra entre as várias concepções do bem, pode sustentar o ambiente social necessário à autodeterminação. Dito de outro modo, a autodeterminação só é promovida e só se desenvolve se existir um ambiente social propício, mas a

---

[112] Cf. Michael J. Sandel, *Liberalism and the Limits of Justice,* cit., p. 183.

108 | INTRODUÇÃO AO PENSAMENTO POLÍTICO DO SÉCULO XX

preservação deste último exige que sejam postas em prática algumas limitações à autodeterminação.

Will Kymlicka analisa, e rejeita, três incidências possíveis desta perspectiva: em primeiro lugar, a ideia de que o Estado neutral não apoia nem promove suficientemente as estruturas sociais e culturais; em segundo lugar, a ideia de que o Estado constitui a instância própria para formular concepções do bem; por último, a ideia de que um poder político legítimo é um poder que assenta na partilha efectiva de valores substanciais[113]. Vejamos cada um destes aspectos.

Quanto ao primeiro aspecto, o que parece estar em causa é saber se a afirmação da existência de deveres que recaem sobre o poder político relativos à *protecção da estrutura cultural* de uma sociedade é ou não compatível com a neutralidade do Estado. Devem os interesses das pessoas quanto a uma forma de vida valiosa ficar dependentes do mercado cultural, isto é, das escolhas individuais, ou devem, pelo contrário, ser protegidos pelo Estado? Segundo Kymlicka, não está aqui necessariamente em causa uma escolha entre perfeccionismo e neutralidade, mas apenas uma escolha entre perfeccionismo da sociedade civil e perfeccionismo do Estado. Significa isto que o liberalismo neutral pode reconhecer a necessidade de proteger as estruturas culturais de uma sociedade. Assim sucede com Dworkin quando sustenta que o Estado não pode intervir para promover opções particulares quanto a formas de vida, mas já nada impede que intervenha no sentido de assegurar a disponibilidade de um conjunto adequado de opções, devendo no entanto a avaliação dessas opções ocorrer no seio da sociedade civil, fora do aparelho do Estado. É através dos direitos fundamentais que o Estado neutral protege a possibilidade efectiva de as pessoas exercerem a sua autonomia individual, não

---

[113] Cf. Will Kymlicka, *Contemporary Political Philosophy...*, cit., pp. 216 e ss.

através da ordenação do valor relativo das várias opções no âmbito da cultura.

Segundo os críticos comunitaristas, a preferência liberal pelo mercado cultural, em detrimento do Estado, como o domínio próprio da avaliação de diferentes formas de vida, decorre de uma crença atomista segundo a qual os juízos sobre o bem só são autónomos quando emitidos por indivíduos isolados e protegidos das pressões sociais[114]. Mas se é verdade que a participação em práticas culturais e sociais partilhadas é aquilo que permite aos indivíduos adoptarem decisões inteligentes sobre a vida boa, já não é verdade que essa participação deva ser organizada pelo Estado, em vez das associações da sociedade civil.

Por último, os comunitaristas acreditam que só uma *forma de vida* comum é capaz de sustentar a legitimidade do poder político. Simplesmente, este modo de ver assenta numa perspectiva anacrónica de sociedades passadas em que a legitimidade se baseava na efectiva prossecução de fins comuns e partilhados pelos membros da comunidade. Ora, não pode deixar de se reconhecer que esse tipo de legitimidade era assegurado excluindo largas camadas de pessoas da qualidade de *membro* da comunidade política em causa, embora não deixassem de estar *sujeitas* ao exercício do poder político no âmbito dessa comunidade. Pessoas que eram súbditas sem serem cidadãs. Pense-se, por exemplo, nas cidades antigas da Grécia, em que a cidadania excluía as mulheres e os escravos.

Será realmente procedente esta rejeição da crítica comunitarista? Tal rejeição, recordemo-lo, assenta na ideia de que a defesa do Estado neutro não é incompatível com o reconhecimento da importância dos vínculos sociais, na ideia de que não é ao Estado mas à sociedade civil que cabe formular concepções do bem e, finalmente, na ideia de que

---

[114] Cf. Will Kymlicka, *Contemporary Political Philosophy...*, cit., pp. 219-220.

110 | INTRODUÇÃO AO PENSAMENTO POLÍTICO DO SÉCULO XX

não é hoje possível sustentar que o poder político pressuponha uma certa homogeneidade cultural. Como vimos, a primeira ideia significa que o Estado não pode promover uma forma de vida particular ou uma determinada concepção do bem, mas já nada impede que assegure um conjunto adequado de opções aos cidadãos. Assim, por exemplo, dir--se-á que o Estado não pode aceitar o ensino da religião e moral católicas nas escolas públicas por professores dessas mesmas escolas, mas já nada impede que aceite que todas as religiões possam usar, em pé de igualdade, as salas da escola, fora do seu horário normal de funcionamento, para o ensino das suas doutrinas. Qual é, no entanto, o significado de uma exigência destas numa determinada zona em que só existam crentes de uma religião? A segunda ideia não é igualmente isenta de problemas. Está certo dizer que incumbe à sociedade civil a formulação de concepções do bem, mas o que acontece naqueles casos em que ainda não se autonomizou por completo aquilo a que chamamos sociedade civil, isto é, o conjunto de instituições livres que se distinguem do Estado e em cujo seio os cidadãos se associam voluntariamente? Por último, podemos sem dúvida afirmar que certas sociedades políticas não pressupõem homogeneidade cultural e, antes pelo contrário, são caracterizadas desde as suas origens pela coexistência de grupos sociais e culturais muito diversos (pense-se, por exemplo, no Canadá ou, em menor medida, no Estados Unidos). Mas em muitos outros casos isso não é assim e, pelo contrário, a diversidade cultural no mesmo espaço geográfico constitui um entrave ao exercício do poder político (pense-se no conflito entre israelitas e palestinianos ou nos diversos movimentos separatistas). Em suma, podemos dizer que as sociedades capazes de sustentar actualmente um Estado neutral são tão escassas (talvez os Estados Unidos e, com resultados menos felizes, a Grã-Bretanha) que a simples defesa dessa visão de Estado levanta suspeitas de etnocentrismo.

Segundo Charles Taylor, a reacção liberal aos desafios comunitaristas mostra bem a dificuldade de manter separadas duas perspectivas da vida social e política. A perspectiva ontológica diz-nos quais os factores que devemos considerar para dar conta da vida social. A este propósito é possível distinguir entre *atomistas* e *holistas*. Os primeiros entendem que (*i*) apenas podemos compreender as estruturas sociais através das propriedades dos indivíduos; (*ii*) o bem comum não passa de uma agregação do bem dos indivíduos. Os holistas, pelo contrário, sustentam que as estruturas sociais se explicam por si próprias e que o bem comum é distinto do bem dos indivíduos[115].

A segunda perspectiva situa-se no plano da moral ou política que cada pessoa adopte: devemos dar a primazia às liberdades e aos direitos individuais ou, pelo contrário, à vida comunitária e aos bens das colectividades? Neste plano cabe distinguir entre *individualismo* e *colectivismo*.

Ora, parece possível combinar qualquer opção no debate entre atomismo e holismo com qualquer posição no debate entre individualismo e colectivismo. Assim, Nozick é assumidamente um atomista e um individualista. Marx, por sua banda, era um holista e um colectivista. Mas é possível pensar em holistas individualistas, precisamente todos aqueles que, sem abandonarem o princípio da autonomia da pessoa, adoptam uma visão perfeccionista do Estado e advogam as críticas comunitaristas ao liberalismo neutral. E é possível pensar numa combinação entre atomismo e colectivismo, como sucederá no pesadelo esboçado por B. F.

---

[115] É possível encontrar uma discussão semelhante a propósito das teorias sobre a natureza das pessoas colectivas: são estas, ou não, entidades que se podem reduzir à soma dos indivíduos que as «compõem»; sobre esta discussão no direito civil, cf., por exemplo, António Menezes Cordeiro, *Tratado de Direito Civil, I – Parte Geral*, Tomo III – Pessoas, 2.ª ed., Almedina, Coimbra, 2007, pp. 517-570.

112 | INTRODUÇÃO AO PENSAMENTO POLÍTICO DO SÉCULO XX

Skinner de uma sociedade totalmente dominada pelas ciências exactas[116]. Como se situam, no entanto, do ponto de vista da articulação entre estas duas oposições (atomismo e holismo; individualismo e colectivismo) aqueles liberais que procuram reconciliar a neutralidade do Estado com o reconhecimento da importância dos vínculos sociais? A verdade é que estes parecem incapazes de equacionar a distinção entre a abordagem ontológica e a abordagem política e, assim, encaram as críticas comunitaristas como simplesmente relevando desta última abordagem, envolvendo a opção por políticas colectivistas em detrimento do respeito pelas liberdades individuais.

Um exemplo permite-nos confirmar o que acaba de ser dito, ao mesmo tempo que introduz o tema das próximas páginas. Em que consiste a *dignidade do cidadão?* Charles Taylor propõe-nos dois modelos para o efeito. Segundo o primeiro, chamemos-lhe «modelo A», o que importa são os direitos individuais e a igualdade de tratamento, bem como uma actuação do poder político que tome em consideração as preferências dos indivíduos. A cidadania consiste principalmente na possibilidade de invocar e tornar efectivos estes direitos através dos tribunais. O objectivo não é o de governar e ser governado, mas a protecção do Estado e do Direito. Pelo contrário, segundo o modelo B, a cidadania consiste na participação política, ou pelo menos inclui-a como seu aspecto essencial, e sem esta a liberdade não faz sentido. Surge assim a questão: pode o modelo A ser objecto de um sentimento comum de patriotismo ou de identificação cívica? É claro que a resposta depende das tradições e cultura de cada sociedade. Mas depende também de se reconhecer que a simples ideia de identificação cívica pres-

---

[116] Sobre estas distinções, Cf. Charles Taylor, «Cross-Purposes: The Liberal Communitarian Debate», in *Philosophical Arguments*, Harvard University Press, Cambridge, Mass., 1995, p. 185.

AS REACÇÕES PERFECCIONISTA E COMUNITARISTA | 113

supõe uma ontologia holística, só sendo possível avançar para as questões de política depois de se terem resolvido as questões ontológicas([117]). Por outras palavras, mesmo que queiramos respeitar a liberdade e os direitos individuais (questões de política), só podemos fazê-lo com sentido se respeitarmos as questões de pertença e identidade («questões ontológicas»).

Continuação: justiça e pluralismo

A crítica comunitarista do liberalismo articula-se ainda num outro plano. Não se trata agora de criticar a concepção de pessoa subjacente ao liberalismo neutral, como sucede com Sandel, nem tão-pouco de submeter a cultura ocidental a uma análise histórica de que possam retirar-se críticas ao liberalismo, como faz Taylor. Trata-se antes de reflectir sobre a metodologia adequada às questões da teoria política. É este o ângulo de análise em que Michael Walzer se posiciona. A questão a que visa responder é a de como devemos compreender os bens para os quais uma teoria da justiça procura articular princípios distributivos, criticando a compreensão desta matéria que considera subjacente à teoria de Rawls([118]). Segundo Walzer, os princípios da justiça são, eles próprios, pluralistas na sua forma, devendo os vários bens sociais ser distribuídos com base em motivos diferentes, segundo processos diferentes e por diversos agentes. Todas estas diferenças, por sua vez, resultam de diferentes concepções dos bens sociais, o que se apresenta

---

([117]) Cf. Charles Taylor, «Cross-Purposes: The Liberal Communitarian Debate», in *Philosophical Arguments*, cit., p. 202.

([118]) Cf. Stephen Mulhall e Adam Swift, *Liberals and Communitarians*, 2.ª ed., Blackwell Publishing, Malden, Massachusetts, 1996, p. 127.

114 | INTRODUÇÃO AO PENSAMENTO POLÍTICO DO SÉCULO XX

como consequência inevitável do particularismo histórico e cultural([119]).

Walzer insurge-se contra as teorias da justiça distributiva, sejam elas de base utilitarista ou a teoria dos dois princípios da justiça de John Rawls, segundo as quais seria possível distribuir todos os bens desejados de acordo com um único critério. Pelo contrário, segundo Walzer, para cada bem social valioso seria necessário encontrar um critério de distribuição distinto. Assim sucederia, segundo a sua análise, com a qualidade de membro de uma comunidade, com a segurança social (em sentido amplo), o dinheiro, os cargos públicos, o trabalho, o tempo livre, a educação, a família e o casamento, a religião, o respeito social e o poder político. Para apontar apenas alguns exemplos, as prestações sociais e o bem-estar, incluindo os cuidados médicos, deveriam ser distribuídos segundo a necessidade socialmente reconhecida; os cargos públicos devem ser atribuídos segundo as qualificações, assegurando igualdade de oportunidades; o poder político deve ser distribuído em obediência ao princípio democrático([120]). Nenhum dos bens sociais considerados deve dominar os restantes: o dinheiro, por exemplo, não pode constituir um meio de aceder aos cargos públicos ou ao poder político. Por outras palavras, devem existir princípios distributivos distintos, com âmbitos de aplicação distintos. Livre-troca, merecimento e necessidade são princípios distributivos apropriados para bens sociais diferentes, e o seu funcionamento fora da esfera de justiça que é a sua só poderia dar lugar a distorções. Em última análise, o totalitarismo consiste na coordenação sistemática

---

([119]) Cf. Michael Walzer, *As Esferas da Justiça: Em Defesa do Pluralismo e da Igualdade*, tradução do inglês de Nuno Valadas, Editorial Presença, Lisboa, 1999 (1983), p. 23.

([120]) Cf. Michael Walzer, *As Esferas da Justiça*, cit., pp. 75 e ss., 133 e ss. e 269 e ss.

de bens sociais e esferas de vida que devem permanecer separadas[121]. O reconhecimento da diversidade de critérios distributivos conduz ao reconhecimento da igualdade como relação complexa, que se afasta por completo da ideia de identidade de posses, pelo menos num momento inicial. A ideia de igualdade complexa é caracterizada por Walzer como o contrário da tirania, e aponta para o único princípio distributivo ilimitado: «*Nenhum bem social x deverá ser distribuído a homens e mulheres que possuam um bem y só por possuírem este último e sem ter em atenção o significado de x*»[122]. Em última análise, a crítica de Walzer parece pretender pôr em causa que conceitos como o de justiça ou «bem social» possam ser pensados como conceitos unitários.

A importância de uma teoria diferenciada da justiça na perspectiva do comunitarismo é fácil de apreender. Não se trata apenas de colocar em dúvida as pretensões universalistas de teorias da justiça como a de Rawls (pelo menos na sua fase inicial), mas também da circunstância de abarcar todos os domínios da vida, incluindo o parentesco, o amor e até porventura a graça divina. Deste modo, a teoria das esferas da justiça põe em causa a separação entre o plano dos direitos e o plano do bem, que se apresenta como fundamental no pensamento de Rawls[123].

---

[121] Cf. Michael Walzer, *As Esferas da Justiça*, cit., p. 299.

[122] Cf. Michael Walzer, *As Esferas da Justiça*, cit., p. 36.

[123] Cf. Kurt Seelmann, *Rechtsphilosophie*, 4., edição revista, Verlag C. H. Beck, Munique, 2007, p. 187.

Parte III

As concepções deliberativas da política

Capítulo VII

Os fundamentos teóricos

As concepções deliberativas da política: introdução

Discutiremos agora as concepções deliberativas da política. O que significam estas concepções? O que todas elas têm em comum é a circunstância de atribuírem uma importância fundamental à formação política da vontade e da opinião, que se exprime através da opinião pública de cidadãos participativos. Mas o modelo de democracia proposto pelos diversos autores aqui agrupados é diverso. Vamos começar com o pensamento de Hannah Arendt, que se inspira no republicanismo clássico, isto é, na *supra-ordenação da vida activa* em relação a todas as outras formas da vida humana. Diferentemente, para Habermas, o que está em causa é a proposta de um modelo de democracia inspirado na *teoria da discussão*. Seguidamente, abordaremos o pensamento de Philip Pettit, para quem o republicanismo significa uma articulação complexa *entre liberdade e participação política*, em termos de não ser possível identificar ambas, como no contexto do republicanismo

120 | INTRODUÇÃO AO PENSAMENTO POLÍTICO DO SÉCULO XX

clássico, mas de a segunda surgir como garante da primeira, entendida como uma liberdade individual. Finalmente, farei uma referência ao pensamento de três constitucionalistas norte-americanos, Bruce Ackerman, Frank Michelman e Cass Sunstein, que pretendem integrar nas suas teorias da constituição aspectos importantes da cultura política republicana e da importância do ideal cívico da participação política.

Hannah Arendt e o republicanismo clássico

O ponto de partida de Hannah Arendt num dos seus livros fundamentais, *The Human Condition*, consiste na possibilidade de efectuar uma distinção significativa entre o *mundo da acção* e o *mundo da produção*. Segundo Arendt, «*a idade moderna foi uma tentativa de excluir o homem político, quer dizer, o homem que actua e fala, da sua esfera pública, tal como a antiguidade foi uma tentativa de excluir o* homo faber»[124]. Mas segundo Hannah Arendt não é apenas esta exclusão recíproca da acção política e do trabalho (no sentido de obra) que melhor caracteriza a idade moderna e a antiguidade. Para a autora, o que está sobretudo em causa é a diferente hierarquização, e os seus efeitos, das actividades humanas que compõem o trio conceptual subjacente a *The Human Condition*: trabalho (*labour*), obra (*work*) e acção. Cada uma destas actividades fundamentais «*corresponde a uma das condições básicas sob as quais a vida na terra foi dada ao homem*»[125].

Assim, o *trabalho*, ou labor, consiste na actividade correspondente ao processo biológico do corpo humano, isto é, à circunstância de a vida carecer de ser renovada, sustentada e

---

[124] Cf. H. Arendt, *The Human Condition*, The University of Chicago Press, Chicago e Londres, 1958, p. 159.

[125] Cf. Hannah Arendt, *The Human Condition*, [*A Condição Humana*, Relógio d'Água] cit., p. 7.

OS FUNDAMENTOS TEÓRICOS | 121

cuidada. O trabalho seria, pois, a actividade destinada a manter, sob quaisquer condições sociais, o tratamento constante do corpo e do ambiente em que ele se insere. Estão, pois, aqui em causa as necessidades biológicas do corpo e os processos naturais a que este está sujeito independentemente da vontade, e daí a ligação do trabalho ao esforço do corpo e especificamente ao trabalho de parto da mulher (em inglês, *labour* quer dizer também «trabalho de parto»). Esta comparação oferece, ao mesmo tempo, a ideia de um crescimento ilimitado, sob a qual se estrutura, segundo Arendt, o moderno desenvolvimento económico e social. O trabalho está subordinado à ideia de esforço e sofrimento, mas também à ideia de libertação destes, e é por essa razão que só o *animal laborans*, e já não o artífice ou o homem de acção, exige a felicidade.

Por seu turno, a *obra* corresponde ao aspecto não natural da existência humana e consiste na actividade que cria uma segunda natureza de coisas: edifícios, monumentos, artefactos. A obra enquanto actividade humana aponta para um resultado, um produto, um objecto duradouro criado pelo artifício humano e pela sua capacidade técnica.

A *acção*, por último, é a actividade que corresponde à condição humana da *pluralidade*. Esta, por seu turno, consiste na condição específica da vida política. A pluralidade implica igualdade e distinção: se os seres humanos não fossem iguais, não poderiam chegar a compreender-se; se não fossem distintos, não precisariam do discurso e da acção para se relacionarem. A acção emprega a criatividade própria da obra de um modo adequado a relações entre seres livres e iguais. A acção não culmina, todavia, num produto tangível e, se dela se pode dizer que produz algo, a sua produtividade específica consiste na capacidade para o estabelecimento de relações e narrativas. A acção corresponde assim à esfera da interacção, e a realidade das relações que estabelece depende da presença constante dos outros. Para Arendt, esta é verdadeiramente a condição irredutível da vida humana: os homens podem

122 | INTRODUÇÃO AO PENSAMENTO POLÍTICO DO SÉCULO XX

forçar outros a trabalhar para eles e usar o mundo das coisas sem lhe acrescentarem qualquer objecto, mas uma vida sem discurso e acção não seria uma vida humana, porque não seria uma vida vivida entre os homens[126].

O aspecto mais polémico da tríade consiste, todavia, na distinção entre trabalho e obra, que Arendt introduz a partir da conhecida afirmação de John Locke, «*the labour of our body and the work of our hands*»[127]. Locke, aliás, é logo acusado de não ter tomado em devida consideração a sua própria distinção entre «*o trabalho dos nossos corpos e a obra das nossas mãos*»[128]. A razão profunda da indistinção entre as duas realidades seria, no entanto, a seguinte: tratar-se-ia do deslumbramento com a produtividade sem precedentes do Ocidente e da tendência quase irresistível daí adveniente para encarar todo o trabalho como obra e para falar do *animal laborans* em termos mais adequados ao *homo faber* [129]. O resultado é a inversão da ordem hierárquica própria da *vita activa* na idade moderna em relação à antiguidade, para além da inversão entre a prioridade antiga da vida contemplativa sobre a vida activa, quer dizer, da elevação da posição do homem criador à posição anteriormente ocupada pelo homem contemplativo. Esta inversão conduz, por um lado, a que a fabricação ocupe o lugar anteriormente detido pela acção política no seio da cidade e, por outro, a que, no seio da fabricação, a ênfase seja colocada, já não no produto e no modelo do processo de fabrico, ou em saber o que é uma

---

[126] Cf. Hannah Arendt, *The Human Condition*, cit., pp. 7, 9, 98, 134, 175-176, 183-184.

[127] Cf. Hannah Arendt, *The Human Condition*, cit., pp. 79-80; quanto à frase de John Locke, Cf. *Dois Tratados do Governo Civil*, tradução e introdução de Miguel Morgado, Edições 70, Lisboa, 2006, Segundo Tratado, capítulo. V, § 27, p. 251: «O Trabalho do seu Corpo, e a Obra das suas Mãos».

[128] Cf. Hannah Arendt, *The Human Condition*, cit., pp. 103-104.

[129] Cf. Hannah Arendt, *The Human Condition*, cit., p. 87.

OS FUNDAMENTOS TEÓRICOS | 123

coisa e que tipo de coisa se produz, mas na questão de saber como e através de que meios e processos ela surgiu e pode ser reproduzida. O que carece de explicação não é, então, a estima moderna pelo *homo faber*, explicável, em última análise, pela descoberta do enorme potencial de actuação técnica sobre o mundo ensejado pela ciência moderna, mas o facto de esta estima ter sido tão rapidamente seguida pela elevação do labor, isto é, a manutenção da vida, à mais alta posição na ordem hierárquica da *vita activa* ([130]). E não deixa de ser irónico, como bem salienta Arendt, que seja justamente numa sociedade em que o trabalho ocupa a posição mais alta entre as actividades humanas que finalmente se apresentam perspectivas para a sua eliminação, em resultado da racionalização do trabalho ocasionada pelo progresso científico e os desenvolvimentos tecnológicos. Vivemos assim ante a perspectiva de «*uma sociedade de trabalhadores sem trabalho, quer dizer, sem a única actividade que lhes resta*» ([131]).

A obsessão moderna com o labor ou trabalho, e a correspondente tendência para negligenciar a delimitação entre este, a obra e a acção, alcança, para Arendt, a sua expressão máxima no pensamento de Marx. Marx definiu o trabalho como o «metabolismo do homem com a natureza». Nesse processo de metabolismo, o material da natureza é adaptado, por uma mudança de forma, às necessidades do homem. O trabalho e o consumo são dois estádios do ciclo recorrente da vida biológica([132]). Por que razão, interroga-se Arendt, ter-se-ão Locke e todos os seus sucessores atido tão obstinadamente ao trabalho como origem da proprie-

---

([130]) Cf. Hannah Arendt, *The Human Condition*, cit., pp. 301, 304, 306 e 313.

([131]) Cf. Hannah Arendt, *The Human Condition*, cit., p. 5.

([132]) Cf. Hannah Arendt, *The Human Condition*, cit., pp. 98-99. Cf. Karl Marx, *O Capital*, Livro I, tomo I, edição dirigida por José Barata-Moura e Francisco Melo, Editorial «Avante!» / Edições Progresso, Lisboa e Moscovo, 1990, pp. 54, 205-206 e 212.

124 | INTRODUÇÃO AO PENSAMENTO POLÍTICO DO SÉCULO XX

dade (Locke), da riqueza (Adam Smith) e, finalmente, da própria essência do homem (Marx)? A resposta, a que já se aludiu, estaria na circunstância de o *homo faber* estar tão habituado a *pensar em termos instrumentais* que essa tendência é transposta para os objectos do mundo, que passam a ser encarados apenas como meios para outros fins. Uma das razões do triunfo dos valores do trabalho, ou labor, nos tempos modernos consiste assim na possibilidade de encarar o mundo da civilização, incluindo as obras de arte, em termos instrumentais, e compreendê-lo como um simples meio para satisfazer as necessidades humanas[133].

Esta compreensão manifesta-se na evolução do utilitarismo, enquanto traço característico do modo de pensamento do *homo faber*, até à formulação do princípio da «*maior felicidade do maior número*», em cujo âmbito o fim a que todos os meios se dirigem é a maximização dos prazeres e a minimização do sofrimento dos indivíduos, ou seja, as sensações subjectivas em que a vida biológica se torna o maior bem. Para além disso, a sobrevivência da crença fundamental do cristianismo no carácter sagrado da vida, mesmo depois da secularização, dá lugar a um novo tipo de imortalidade na imaginação dos homens, «*o processo de vida possivelmente eterno da espécie humana*»[134]. O que importa salientar é que todo este processo conducente à «vitória do *animal laborans*»[135] tem por base o surgimento da «sociedade», isto é, o advento da sociedade de massas e o desenvolvimento das relações de troca de mercadorias numa economia capitalista.

Neste ponto, é importante salientar que, em *The Human Condition*, se sobrepõem, na verdade, dois conjuntos de três

---

[133] Cf. Cf. Hannah Arendt, *The Human Condition*, cit., pp. 105-106 e 154-157.

[134] Cf. Hannah Arendt, *The Human Condition*, cit., pp. 307--308, 313-314 e 320-321.

[135] Cf. Hannah Arendt, *The Human Condition*, cit., p. 320.

OS FUNDAMENTOS TEÓRICOS | 125

conceitos: labor, obra e acção, em que o terceiro termo é a alternativa desejável; e público, privado e *social*, em que o terceiro termo constitui a expressão do mal que ameaçaria as sociedades modernas. A sobreposição das duas tríades revela os dois tipos de actividade que verdadeiramente preocupam Arendt: a acção, que ocupa «a mais alta posição na hierarquia da *vita activa*»([136]); o trabalho ou labor, que se eleva a essa posição na modernidade, desalojando a acção e transformando o homem num *animal laborans*. E, na verdade, a obra (*work*) ocupa um lugar ambíguo em relação aos outros dois tipos de actividade humana: por um lado, embora não seja uma actividade pública, a obra tem uma forte afinidade com a esfera pública, na medida em que as coisas que produz existem no mundo, na presença de todos([137]). Por outro lado, como se apontou, o raciocínio puramente instrumental do *homo faber* tende a degradá-lo num *animal laborans*.

A articulação dos conceitos integrados nas mencionadas tríades conduz, segundo Arendt, a dois arranjos possíveis: ou a acção ocupa o lugar mais elevado na hierarquia da *vita activa*, que por direito lhe pertence, identificando-se com a esfera pública, e o trabalho é relegado para o domínio privado, caso em que o «social» é pura e simplesmente eliminado; ou então, como tende a suceder nas sociedades modernas, o trabalho desaloja a acção da posição cimeira na hierarquia das actividades humanas e, ao mesmo tempo, a proeminência do «social» põe em causa a própria possibilidade de se distinguir as esferas do público e do privado. O sentido da análise de Arendt parece ser o seguinte: a euforia com o poder criativo e produtivo do homem, e o concomitante descuido do sentido da hierarquia antiga no seio da *vita activa* entre fabricação e acção, tem como con-

---

([136]) Cf. Hannah Arendt, *The Human Condition*, cit., p. 205.
([137]) Cf. Hannah Arendt, *The Human Condition*, cit., p. 160.

126 | INTRODUÇÃO AO PENSAMENTO POLÍTICO DO SÉCULO XX

sequência necessária o triunfo do *animal laborans*, uma vez que a actividade de produção não tem recursos para, por si só, subjugar o trabalho. A obra que até aqui foi mencionada, *The Human Condition*, consiste numa análise filosófica do declínio da esfera pública desde a *polis* grega até às modernas sociedades de massas. Essa obra, ao conter um elogio da actividade política segundo o modelo das cidades-estado, que assentava na exclusão das mulheres, tem sido objecto de duras críticas. Tais críticas são ainda motivadas pelo desprezo a que Arendt vota as «questões sociais» (as questões da pobreza e de outras exclusões), bem patente no seu livro *On Revolution*, de 1963, em que o sucesso da Revolução Americana e o fracasso da Revolução Francesa na solução do problema constitucional são em parte explicados pela ausência da «questão social» no âmbito da primeira e pela tentativa da segunda em resolver os problemas da desigualdade social por meios políticos([138]). Mas se, em alguns aspectos do seu pensamento, Hannah Arendt parece assumir-se como um filósofo antimodernista, o mesmo não se passa com outras dimensões da sua obra. A este propósito cabe aqui, de um modo especial, salientar o livro *As Origens do Totalitarismo*, de 1951, e as suas análises sobre o imperialismo, a emergência do totalitarismo e os direitos do homem([139]).

A sua análise inovadora do fenómeno do totalitarismo pode, aliás, ser considerada uma demonstração da forma extrema do desprezo a que a modernidade vota a política. Com efeito, para Arendt o totalitarismo – cuja instituição paradigmática terão sido os campos de concentração – é

([138]) Sobre este assunto, Cf. Miguel Nogueira de Brito, *A Constituição Constituinte: Ensaio sobre o Poder de Revisão da Constituição*, Coimbra Editora, Coimbra, 2000, pp. 45 e ss.
([139]) Cf. Seyla Benhabib, *The Reluctant Modernism of Hannah Arendt*, Sage, Thousand Oaks, 1996, pp. 138 e ss.

OS FUNDAMENTOS TEÓRICOS | 127

uma forma de governo que destrói a política, ao eliminar as faculdades de acção em comum dos seres humanos e ao atacar a própria humanidade de diversos grupos sociais. Mais do que isso, o totalitarismo põe em causa a alternativa em que todas as definições da filosofia política sobre a essência dos governos se têm baseado, isto é, a distinção entre poder legítimo e poder arbitrário[140].

A importância da reflexão de Arendt sobre a actividade política pode ainda ser encarada a partir da sua oposição à filosofia política, ou pelo menos a uma certa forma de filosofia política[141]. Segundo Arendt, a política não deve ser pensada, e muito menos levada a cabo, com base em categorias teóricas, mas enquanto objecto de juízos que exprimam *opiniões*. Na verdade, as opiniões nada têm que ver com a verdade absoluta a que aspiram os filósofos e os homens religiosos, certamente com base em pontos de vista distintos, mas apenas com a preservação da liberdade através da troca de opiniões, do debate e da argumentação. Daí a sua fragilidade. Daí também as tentativas de Arendt de repensar a política a partir das reflexões de Kant sobre o juízo estético. Apesar de todas as diferenças quanto às tradições de pensamento em que se inserem, é impossível não notar alguma afinidade entre a reflexão sobre o estatuto da política em Hannah Arendt e a transformação, levada a cabo por Rawls, da sua teoria da justiça em uma concepção política da justiça.

Se tivéssemos de indicar uma ideia unificadora de todos o pensamento de Hannah Arendt sobre a política talvez a

---

[140] Cf. Hannah Arendt, *The Originis of Totalitarianism*, introdução de Samantha Power, Schocken Books, Nova Iorque, 2004, pp. 594-595 [*As Origens do Totalitarismo*, Lisboa, D. Quixote].

[141] Cf. Miguel Abensour, *Hannah Arendt Contre la Philosophie Politique?*, Sens&Tonka, Paris, 2006, pp. 16 e ss. e 49 e ss.; cf. H. Arendt, *On Revolution*, Penguin, Londres, 1990 (1965), pp. 319, nota 1; *idem, The Human Condition*, cit., pp. 220 e ss.

128 | INTRODUÇÃO AO PENSAMENTO POLÍTICO DO SÉCULO XX

melhor forma de o fazer consistisse em salientar a importância fundamental que atribui à natalidade. Na realidade, Arendt tenta demarcar-se da afinidade profunda entre filosofia e morte que caracteriza, segundo ela, toda a história da filosofia desde Platão até Heidegger, presente na velha ideia de que filosofar é aprender a morrer. Pelo contrário, para Arendt, a natalidade é a condição da acção, tal como a mortalidade é a condição do pensar puramente especulativo. A natalidade surge assim como condição da própria possibilidade da política, entendida como espaço de acção comum e plural de seres que são, cada um deles, um novo começo, no sentido de cada ser humano ser, pelo nascimento, não só um novo começo em si mesmo, mas também uma nova potencialidade de começar. Cada pessoa é, pois, ao mesmo tempo um novo começo (*a beginning*) e um potencial «comecedor» (*a beginner*). Neste sentido a natalidade exprime, em termos políticos, a liberdade do homem[142].

Habermas: uma teoria discursiva da democracia

Jürgen Habermas é, juntamente com Rawls, um dos mais importantes teóricos políticos do século XX. As suas áreas de interesse são vastas e isso reflecte-se no modo como encara a filosofia política, através de um método interdisciplinar abrangendo a sociologia, a psicologia e a análise linguística[143].

Para Habermas, a normatividade – entendida como a expressão da valoração de situações de facto – deve ser vis-

---

[142] Cf. Miguel Abensour, *Hannah Arendt Contre la Philosophie Politique?*, cit., pp. 115 e ss.

[143] Cf. John Christman, *Social and Political Philosophy...*, cit., pp. 117 e ss.

OS FUNDAMENTOS TEÓRICOS | 129

ta como uma prática linguística que é cognitiva, mas não «fundacionalista». Por outras palavras, a expressão de juízos normativos, como as pretensões morais, envolve juízos baseados em razões e que não são simples expressão de sentimentos, como sustentam alguns filósofos. Estes juízos podem ser válidos num sentido paralelo àquele em que os juízos científicos e descritivos podem ser verdadeiros. Ao mesmo tempo, estes juízos não podem ser válidos pela sua pretensa relação com um conjunto de princípios básicos que todas as criaturas racionais devessem aceitar, como pretendem os cultores do direito natural clássico. Pelo contrário, a sua validade é estabelecida *na prática*, isto é, pelas práticas linguísticas dos participantes nos discursos normativos.

Segundo Habermas, a *comunicação interpessoal* não é meramente expressiva, como sucede com as *performances* artísticas, ou meramente estratégica, como quando se procura que alguém faça aquilo que pretendemos que faça, independentemente de essa pessoa concordar com a razão para fazê-lo. Tal comunicação envolve certas pressuposições relativas à validade das pretensões erguidas e ainda à sinceridade daqueles que as erguem. Habermas, um pouco como Hannah Arendt, também distingue diversas esferas de acção submetidas a lógicas próprias: o *mundo da vida* em que interagimos com os outros através da troca de razões na vida prática, por um lado; por outro, a *acção estratégica* própria da actuação dos sistemas de poder como a administração e a economia. Simplesmente, não está aqui em causa um juízo sobre a hierarquia natural destas esferas de acção. Habermas sustenta apenas que a comunicação interpessoal, nos termos expostos, deve assentar em normas, e estas são válidas quando todos os afectados por elas podem aceitar as consequências que a sua observância geral venha a ter para a satisfação dos interesses de todos, conforme seja possível antecipar. Por outras palavras, a validade normativa não é um monólogo filosófico baseado na reflexão teorética, mas

130 | INTRODUÇÃO AO PENSAMENTO POLÍTICO DO SÉCULO XX

um *diálogo* real entre uma pluralidade de pessoas que se confrontam entre si no espaço social.

Surge assim evidente o contraste entre esta concepção e a concepção de Rawls, em que o contrato hipotético, mesmo entendido como esquema de representação — isto é, a posição original e o véu de ignorância — é usado com o fito de estabelecer a validade de princípios de justiça. Pelo contrário, para Habermas, estes princípios devem ser encontrados na prática *efectiva* da esfera pública dos discursos abertos, e não nas reflexões abstractas dos filósofos[144].

É por esta razão que as concepções de Habermas associam intimamente os princípios da justiça ao funcionamento das instituições democráticas. Enquanto Rawls vê a justiça como intimamente associada ao funcionamento da razão pública e, por isso, se preocupa em estabelecer o enquadramento de uma democracia efectiva, Habermas vai mais longe e insiste que a deliberação democrática e as actividades da esfera pública definem os princípios da justiça. Assim, importa distinguir, no âmbito daqueles que designamos como direitos fundamentais, os que dizem respeito a *condições* que tornam possível a própria *existência de um discurso público* (liberdade de consciência, liberdade de expressão, liberdade de associação, participação política). Estes direitos têm de ser estabelecidos como direitos prévios ao funcionamento de uma democracia, na medida em que a tornam possível. Todas as outras determinações constitucionais e políticas devem ser objecto de deliberação comunicativa entre os membros de uma comunidade política. Deste modo, é sem dúvida verdade que há lugar, no pensamento de Habermas, para a existência de liberdades que têm um carácter básico ou fundacional, mas estas liberdades justificam-se pela sua importância para um sistema de comunicação pública, e

---

[144] Cf. Miguel N. de Brito, *A Constituição Constituinte*, cit., pp. 217 e ss.

não por remeterem para bases metafísicas universais. Além disso, todos os princípios substantivos de justiça estão sujeitos a discussão contínua([145]).

É neste contexto que devemos entender a resposta de Habermas à crítica dos perfeccionistas. Na verdade, o perfeccionismo não encontra aqui uma teoria moral ou política relativista, como vimos suceder por vezes com o liberalismo neutral, mas sim uma teoria normativa que pretende responder directamente ao relativismo ético. Segundo esta teoria, os valores e as normas morais existem e podem ser conhecidos por todos, através de uma *interacção dialógica* (isto é, em diálogo) constrangida por normas implícitas no próprio processo de comunicação, ainda que se deva sustentar que esses valores não existem objectivamente e de forma autónoma em relação à deliberação colectiva. Ao mesmo tempo, Habermas também oferece uma resposta aos comunitaristas, na medida em que recusa a existência de definições culturais e sociais das pessoas imunes à racionalidade comunicativa.

Habermas procura assim encontrar a existência de uma conexão interna entre a justificação das liberdades básicas de uma sociedade, isto é, as liberdades básicas contidas na declaração de direitos de uma Constituição, e a necessidade de uma democracia efectiva. Os únicos direitos que não podem ser redefinidos no contexto de uma democracia efectiva, entendida em sentido amplo, como todas as instituições que permitem o fluxo livre da informação e da opinião, são aqueles que a tornam possível.

Ao mesmo tempo, não pode negar-se que a concepção política de Habermas assenta também em certas pressupo-

---

([145]) Cf. J. Habermas, *Between Facts and Norms: Contributions to a Discourse Theory of Law and Democracy*, translated by William Rehg, The MIT Press, Cambridge, Massachusetts, 1996 (1992), pp. 122 e ss.

132 │ INTRODUÇÃO AO PENSAMENTO POLÍTICO DO SÉCULO XX

sições sobre o tipo de pessoa supostamente vive neste fluxo livre da informação e da opinião. Essa é, sem dúvida, uma visão da pessoa como ser autónomo, mas falta discutir o que deve entender-se por autonomia da pessoa. Também aqui encontramos as críticas anteriormente dirigidas à visão da pessoa própria do liberalismo. A pessoa existe antes da deliberação ou é constituída por ela? Por um lado, poderá parecer claro que a primeira opção está subjacente à concepção de Habermas, o que deixa de fora elementos da nossa personalidade que, segundo alguns, se revelam cruciais na determinação da questão de saber se os princípios que guiam as nossas vidas nos oprimem ou nos libertam. Mas, por outro lado, Habermas dá-se conta destas dificuldades, como se demonstra na sua recente tomada de posição no âmbito de uma troca de opiniões com o então cardeal Ratzinger (actual Bento XVI) sobre o lugar da religião numa democracia deliberativa. Segundo Habermas,

«o Estado liberal não pode transformar a imprescindível separação institucional entre religião e política num irrazoável encargo mental e psicológico para os seus cidadãos religiosos. Por outro lado, o Estado liberal não pode deixar de esperar desses cidadãos o reconhecimento do princípio do exercício neutral do poder. Todos devem conhecer e aceitar que, para além do limiar institucional que separa a publicidade informal do parlamento, tribunais, ministérios e administração, apenas contam razões seculares. Para isso basta a capacidade epistémica de perspectivar reflexivamente, a partir de fora, as próprias convicções religiosas e de ligá-las a concepções seculares. Os cidadãos religiosos podem muito bem reconhecer esta "reserva de tradução institucional" sem terem de cindir a sua identidade, quando participem em discussões públicas, numa parte pública e numa parte privada. Por essa razão, tais cidadãos devem exprimir e fundamentar as suas convicções num discurso

OS FUNDAMENTOS TEÓRICOS | 133

religioso, quando não encontrem para o efeito nenhuma "tradução" secular»([146]).

Isto significa que, para Habermas, a «reserva de tradução» e a primazia institucional de que gozam as razões seculares sobre as religiosas exigem dos cidadãos religiosos um trabalho de aprendizagem e adaptação de que parecem ser dispensados os cidadãos seculares. Com efeito, a «modernização» da consciência religiosa, presente na cultura ocidental desde a Reforma e o Iluminismo, visa responder a três exigências: o facto do pluralismo religioso, o progresso da ciência e a imposição do direito positivo e de uma moral social profana. Em virtude destas exigências próprias da modernidade, colocam-se às comunidades religiosas desafios que os cidadãos seculares apenas poderão encontrar quando adoptem doutrinas dogmaticamente assentes. Entre esses desafios contam-se: (i) a adopção de uma atitude epistémica por parte dos cidadãos religiosos em relação às outras religiões ou visões de mundo que não ponha em causa a pretensão de verdade de nenhuma delas; (ii) a adopção, pelos mesmos cidadãos religiosos, de uma atitude epistémica em relação às ciências seculares capaz de reconhecer a sua autonomia; (iii) a adopção de uma atitude epistémica dos cidadãos religiosos, por último, no âmbito da qual seja possível aceitar a primazia das razões seculares na arena política, o que apenas pode acontecer se aqueles forem capazes de integrar nas suas doutrinas abrangentes o individualismo igualitário do direito racional e da moral universalizável([147]).

([146]) Cf. Habermas, «Religion in der Öffentlichkeit. Kognitive Voraussetzungen für den "öffentlichen Vernunftgebrauch" religiöser und säkularer Bürger», in *Zwischen Naturalismus und Religion. Philosophische Aufsätze*, Suhrkamp, Frankfurt am Main, 2005, pp. 135-136.

([147]) Cf. Habermas, «Religion in der Öffentlichkeit...», *cit.*, pp. 142-143.

134 | INTRODUÇÃO AO PENSAMENTO POLÍTICO DO SÉCULO XX

Nesta sequência, a pergunta que Habermas muito naturalmente coloca é a de saber se, tal como sucederá com a construção de Rawls, a concepção assim delineada não implica também a imposição de um «encargo assimétrico» para os cidadãos religiosos[148]. Mas a verdade é que os cidadãos seculares não são, também eles, poupados, segundo a concepção defendida por Habermas, a encargos cognitivos. Distanciando-se claramente daquelas concepções seculares para as quais a religião constitui um resquício de sociedades pré-modernas, o autor sustenta que, sob as premissas normativas de um Estado constitucional e do *ethos* de uma cidadania democrática, o reconhecimento da liberdade religiosa apenas faz sentido quando a *todos* os cidadãos é exigido não excluir um possível conteúdo cognitivo – sem prejuízo da primazia das razões seculares e da «reserva de tradução institucional» – dos contributos religiosos para a discussão pública. Nessa medida, aos cidadãos seculares, por um lado, e religiosos, por outro, cabem «*processos de aprendizagem complementares*», podendo afirmar-se que os encargos cognitivos de ambos não são, afinal, distribuídos assimetricamente[149].

A liberdade republicana

Há um famoso escrito de Benjamin Constant intitulado *A Liberdade dos Antigos Comparada à Liberdade dos Modernos*, correspondente ao texto de uma conferência proferida em Paris em 1819. Nesse estudo, Benjamin Constant caracteriza assim aquilo que «*nos nossos dias significa para um inglês, um francês ou um habitante dos Estados Unidos da América a palavra liberdade*»:

---

[148] Cf. Habermas, «Religion in der Öffentlichkeit…», *cit.*, p. 144.
[149] Cf. Habermas, «Religion in der Öffentlichkeit…», *cit.*, pp. 146 e 150.

OS FUNDAMENTOS TEÓRICOS | 135

«É o direito de cada qual ser sujeito apenas às leis, de não poder ser detido encarcerado ou condenado à morte, nem ser maltratado de qualquer forma por efeito da vontade arbitrária de um ou vários indivíduos. É o direito de cada qual exprimir a sua opinião, escolher e exercer a sua actividade, dispor da sua propriedade, mesmo de abusar dela; de ir e vir sem necessidade de uma autorização ou sem necessidade de indicar os motivos das suas deslocações. É o direito de cada qual se reunir com outros indivíduos, para tratar de interesses comuns, para professar o culto que deseja ou simplesmente para passar os dias e as horas da maneira mais adequada às suas inclinações ou fantasias. Enfim, é o direito de cada um influir na administração do governo, seja pela designação de todos ou alguns funcionários, seja pela apresentação de representações, de petições, de requerimentos que as autoridades são mais ou menos obrigadas a considerar».

Por sua vez, a liberdade dos antigos consistia, segundo Constant,

«num exercício colectivo, mas directo, de diversas facetas da soberania no seu todo, em deliberar na praça pública sobre a guerra e a paz ou sobre a conclusão de tratados de aliança com países estrangeiros, em votar as leis, em proceder a julgamentos, em examinar as contas, os actos, a gestão dos magistrados, em fazê-los comparecer perante o povo, em acusá-los, em condená-los ou absolvê-los. Mas, ao mesmo tempo que os antigos a apelidavam de liberdade, entendiam ser compatível com esta liberdade colectiva a sujeição completa do indivíduo à autoridade do conjunto. Não encontravam eles praticamente nenhum dos direitos que, como vimos, integram a liberdade dos modernos. Todas as acções privadas estão sujeitas a uma vigilância severa. Nada é deixado à independência individual, quer no que

136 | INTRODUÇÃO AO PENSAMENTO POLÍTICO DO SÉCULO XX

respeita à expressão de opiniões, quer no que respeita à escolha de actividade, quer sobretudo no que respeita à religião. A faculdade de escolher a sua própria religião, que concebemos como um dos direitos mais preciosos, pareceria aos antigos um crime e um sacrilégio. Em tudo o que nos parece mais útil e importante, a autoridade do corpo social interpunha-se e constrangia a vontade dos indivíduos»([150]).

O sentido precípuo da contraposição de Constant consistia em defender o princípio do governo representativo como o mais adequado aos tempos em que escrevia e em rejeitar as tentativas modernas de recuperação do ideal da cidade grega. Ao mesmo tempo, é impossível não vislumbrar que subjacente a essa distinção se encontra já presente a distinção entre liberdade negativa e liberdade positiva. A distinção entre liberdade em sentido positivo e negativo foi tornada clássica por um justamente famoso artigo de Isaiah Berlin em que a primeira surge associada à auto-realização política dos membros de uma comunidade, e a segunda à área de não interferência do poder político que a cada um desses membros seja reconhecida([151]).

No contexto destas distinções, entendia-se comummente que o ideal da participação política faria apenas sentido no contexto de um conceito positivo de liberdade, surgindo deslocado no âmbito da liberdade negativa, mais propícia ao desenvolvimento da actividade económica. Pois bem, este estado de coisas foi posto em causa recentemente, so-

---

([150]) Cf. Benjamin Constant, *A Liberdade dos Antigos Comparada à Liberdade dos Modernos*, introdução, tradução e notas de António de Araújo, Tenacitas, Coimbra, 2001, pp. 5-7.

([151]) Cf. Isaiah Berlin, «Two Concepts of Liberty», in *idem, Liberty*, (org.) Henry Hardy, Oxford University Press, Oxford, esp. pp. 168 e ss.

OS FUNDAMENTOS TEÓRICOS | 137

bretudo em resultado dos trabalhos de um historiador das ideias políticas inglês, Quentin Skinner, e de um filósofo da política australiano, Philip Pettit. Skinner, numa primeira formulação do seu pensamento, sustentou que Maquiavel, quando exaltava a participação política e as virtudes cívicas, não as entendia como um fim em si mesmo, como uma forma de realizar a natureza política própria do homem, mas antes como um meio necessário para assegurar a liberdade em sentido negativo, num sentido próximo da definição proposta por Berlin. No fundo, a linguagem republicana utilizada por Maquiavel não divergia da noção de liberdade própria da tradição liberal nascente quanto ao respectivo significado, mas apenas quanto às condições necessárias para a sua realização. Ou seja, Maquiavel não se afastava da ideia de liberdade como área de não interferência do poder político na vida de cada um, difundida a partir do *Leviatã* de Hobbes([152]); apenas sustentava que

([152]) Cf. Hobbes, *Leviatã*, Parte II, cap. XXI, pp. 175 e ss., esp. 175-176, 177, 181. Segundo Hobbes, a «*liberdade* significa, em sentido próprio, a ausência de oposição (entendendo por oposição os impedimentos externo do movimento); e não se aplica menos às criaturas irracionais e inanimadas do que às racionais»; assim, «conformemente a este significado próprio e geralmente aceite da palavra, um *homem livre é aquele que, naquelas coisas que graças à sua força e engenho é capaz de fazer, não é impedido de fazer o que tem vontade de fazer*». Para além desta «*liberdade* natural que é a única propriamente chamada *liberdade*», Hobbes fala-nos ainda da «*liberdade dos súbditos*», isto é, aquela que decorre da circunstância de os homens, tal como, «tendo em vista conseguir a paz, e através disso a sua própria conservação, criaram um homem artificial, ao qual chamamos Estado, assim também criaram correntes artificiais, chamadas *leis civis*, que eles mesmos, mediante pactos mútuos, prenderam numa das pontas à boca daquele homem ou assembleia a quem confiaram o poder soberano, e na outra ponta aos seus próprios ouvidos. Embora esses laços sejam fracos pela sua própria natureza, eles podem ser mantidos pelo perigo, ainda que não pela dificuldade, de rompê-las». Esta *liberdade dos súbditos*

138 | INTRODUÇÃO AO PENSAMENTO POLÍTICO DO SÉCULO XX

essa área de não interferência não poderia manter-se sem o empenhamento dos membros de uma comunidade política na coisa pública. Seria, assim, possível sustentar no âmbito de um conceito negativo de liberdade, sem incoerência, a ideia – normalmente associada à liberdade positiva de Berlin – de que apenas somos livres numa comunidade que se governa a si mesma, e mesmo a ideia de que podemos ser forçados a ser livres, na medida em que a prossecução de certas acções (aquelas que vão implicadas nas virtudes cívicas) é necessária à liberdade[153]. O alcance e manutenção da liberdade de cada um implica uma preocupação com a liberdade de todos e, por essa razão, uma atitude de subalternização dos deveres de cada um para com a comunidade relativamente aos direitos em face dela e dos outros pode conduzir ao desaparecimento destes últimos[154].

As ideias de Skinner influenciaram o pensamento de Philip Pettit sobre a noção republicana de liberdade. As reflexões deste, por seu turno, acabaram por marcar o pensamento mais recente de Quentin Skinner, apesar de a obra de Pettit não se situar já essencialmente no campo da investigação histórica, como a de Skinner, mas no âmbito da filosofia política[155]. Segundo Pettit, embora seja correcto afirmar que a linguagem republicana usada por Maquiavel e outros

---

é uma «liberdade no sentido de isenção das leis». Sobre o conceito de liberdade em Hobbes, cf. Quentin Skinner, *Hobbes and Republican Liberty*, Cambridge University Press, Cambridge, 2008, pp. 18 e ss., esp. pp. 124 e ss.

[153] Cf. Quentin Skinner, «The Republican Idea of Political Liberty», in Gisela Bock, Quentin Skinner e Maurizio Viroli (eds.), *Machiavelli and Republicanism*, Cambridge University Press, Cambridge, 1993, pp. 294-295, 296, 298 e ss.

[154] Cf. Quentin Skinner, «The Republican Idea of Political Liberty», *cit.*, p. 308.

[155] Cf. Quentin Skinner, *Liberty Before Liberalism*, Cambridge University Press, Cambridge, 1998, pp. xi, 22-23, 37, nota 114, 70, nota 27; *idem, Hobbes and Republican Liberty*, cit., p. xix.

OS FUNDAMENTOS TEÓRICOS | 139

autores posteriores, como James Harrington e Algernon Sydney, não se baseia na identificação entre liberdade e participação política, não se pode, no entanto, pretender que a sua ideia de liberdade seja entendida nos mesmos moldes em que a pensaram Hobbes e outros que depois dele integram o que se convencionou designar o «liberalismo clássico». Na verdade, enquanto estes pressupõem [!!] um conceito de liberdade negativa, em que a liberdade surge como ausência de interferência ou ausência de coacção, para os primeiros a liberdade significa ausência de domínio e, por essa razão, no modo como constroem a ideia de liberdade, ocupa lugar de relevo o tema da oposição entre a liberdade e a escravidão. Um escravo pode ser livre no sentido de não sofrer, de facto, qualquer interferência na sua acção por parte do seu senhor, mas não deixa por isso de estar menos sujeito ao domínio deste último[156]. A liberdade não é já pensada como uma situação de facto, mas como um estatuto jurídico ou moral. Isso mesmo explica que um outro tema que surge destacado no discurso republicano seja o da cidadania, entendida como um estatuto que existe sob um regime correspondente a um estado de direito. Neste sentido, a liberdade equivale à cidadania, e são as leis que criam a liberdade partilhada pelos cidadãos[157].

Para Philip Pettit, a liberdade republicana não se identifica nem com a liberdade positiva, nem com a liberdade negativa, tal como estas surgem caracterizadas na distinção efectuada por Isaiah Berlin, antes devendo ser entendida como uma terceira concepção de liberdade[158].

Não se põe em causa que faça sentido identificar um conceito de liberdade em termos próximos do desenvolvido por

---

[156] Cf. Philip Pettit, *Republicanism, A Theory of Freedom and Government*, Clarendon Press, Oxford, 1999 (1997), pp. 27 e ss.

[157] Cf. Philip Pettit, *Republicanism*, cit., p. 36.

[158] Cf. Pettit, *Republicanism*, pp. 19, 21 e ss.

140 │ INTRODUÇÃO AO PENSAMENTO POLÍTICO DO SÉCULO XX

Skinner e Pettit. Apenas se questiona que esse conceito se possa identificar com uma ideia de liberdade radicalmente distinta da da tradição liberal ou, pelo menos, com alguns aspectos dessa tradição liberal. Locke surge aqui naturalmente quando afirma que «*o fim do direito* [law] *não é o de abolir ou restringir, mas o de preservar e alargar a liberdade*» e que «*onde não há direito* [law] *não há liberdade*»([159]). Mas é sobretudo o nome de Kant que interessa aqui salientar, com a sua distinção entre o estatuto provisório dos direitos no estado de natureza, ou no âmbito do funcionamento da justiça correctiva, e o estatuto definitivo dos direitos no âmbito do estado civil, pressupondo já o funcionamento da justiça distributiva.

A *crítica feminista*

A história do feminismo, entendido como base de uma teoria política, pode ser dividida em duas fases principais. Numa primeira fase, pretendeu-se sustentar que devem ser reconhecidos às mulheres os mesmos direitos que aos homens. É importante a obra de Mary Wollstonecraft, *The Vindication of the Rights of Women*, publicado pela primeira vez em 1792 e considerado o primeiro grande documento do feminismo.

Ao mesmo tempo que se exigem direitos iguais, exige-se também o repensar da distinção entre público e privado, dada a tradicional reserva da esfera pública para os homens e a remissão das mulheres para o domínio privado([160]).

([159]) Cf. Locke, John Locke, cf. *Dois Tratados do Governo Civil*, cit., Segundo Tratado, cap. VI, § 57, p. 271. Neste caso, talvez a palavra inglesa «law» devesse ser traduzida por «lei».

([160]) Cf. Carole Pateman, *The Sexual Contract*, Polity Press, Cambridge, 1988, pp. 10 e ss.; Jean Bethke Elshtain, *Public Man, Private Woman: Women in Social and Political Thought*, Princeton University Press, Princeton, New Jersey, 1993, pp. 317 e ss; Susan Moller

OS FUNDAMENTOS TEÓRICOS | 141

Uma segunda corrente do feminismo sustenta que a igualdade formal de direitos não significa nada de substancial se estes continuarem a ser encarados como parte de uma cultura dominada pelos homens assente em regras formais, no conflito e no egoísmo. Neste contexto, importa indicar o nome de Carol Gilligan, que, criticando a teoria psicológica do desenvolvimento moral de Lawrence Kohlberg, salientou a existência de uma *perspectiva das mulheres* centrada não tanto na ideia de justiça e da violação de regras e direitos, mas na preocupação com as relações e a promoção de interacções harmoniosas e, consequentemente, na necessidade de um diálogo entre justiça e *cuidado* (*care*) [161]. Está aqui largamente em causa a ideia de que a concepção da pessoa subjacente à teoria discursiva da democracia e à teoria republicana da liberdade (já para não falar na recuperação do republicanismo clássico propugnada, curiosamente, por uma mulher, Hannah Arendt) seria uma concepção dominada por modelos masculinos que careceria de ser revista e corrigida. Em última análise, segundo as teorias feministas, o que está em causa é a necessidade de rever as categorias políticas próprias de um mundo patriarcal.

Okin, *Justice, Gender and the Family*, Basic Book, Nova Iorque, 1989, pp. 180 ss.

[161] Cf. Carol Gilligan, *In a Different Voice: Psychological Theory and Women's Development*, Harvard University Press, Cambridge, Mass., 1993, p. 174.

Capítulo VIII

Aplicações no direito constitucional

O republicanismo e a Constituição

Mencionei antes um historiador recente das origens da modernidade política – Quentin Skinner – que salientou a importância das ideias republicanas clássicas, sobretudo dos Romanos, nesse contexto. Este historiador não constitui caso isolado. Para além dele, outros autores, entre os quais cabe citar Gordon Wood e John Pocock, vieram sustentar que a ideologia republicana clássica constituiu um elemento central do *projecto revolucionário*, contra a concepção estabelecida que via na Revolução Americana a consagração do liberalismo político e económico, tal como entendido em meados do século XX, e duma visão pluralista da sociedade.

O trabalho de historiadores como Wood e Pocock acabou por reflectir-se na forma como os juristas americanos concebem a Constituição. Neste contexto, têm especial interesse as ideias de Bruce Ackerman, Frank Michelman e Cass Sunstein. A importância destes autores reside no facto de todos eles ten-

144 | INTRODUÇÃO AO PENSAMENTO POLÍTICO DO SÉCULO XX

tarem integrar numa construção única a importância que o liberalismo reconhece à necessidade de protecção duma *esfera de liberdade individual* em face do poder político, por um lado, e, por outro, a importância que a tradição republicana atribui ao *valor da participação política*. Para além disso, é comum a todos eles atribuírem grande importância ao pensamento político especificamente americano, sobretudo a *O Federalista*, que muito autores europeus encararam como um simples panfleto com intuitos práticos de propaganda política[162].

Bruce Ackerman propõe uma leitura do constitucionalismo americano que escape à dicotomia entre liberalismo e republicanismo e à necessidade de optar de modo definitivo entre eles com base n'*O Federalista*[163].

N'*O Federalista*, n.º 40, Madison assume o facto de que a Convenção de Filadélfia havia actuado ilegalmente à luz do direito constitucional então vigente e sublinha, que a forma de expressão política suprema não se encontra nos corpos legislativos existentes, mas em assembleias, ainda que irregulares, eleitas popularmente para fins específicos de legislação constitucional, garantido dessa maneira um acesso ao povo (*to the people themselves*) [164].

Mas se nestes *momentos constitucionais*, conforme a expressão utilizada por Bruce Ackerman, a palavra final deverá pertencer ao próprio povo, foi a importância dada pelos federalistas ao princípio da representação que esteve

---

[162] *O Federalista* é uma obra conjunta de Alexander Hamilton, James Madison e John Jay publicada em livro em 1788 e tendo origem num conjunto de artigos surgidos na imprensa entre 1787 e 1788 com o objectivo de defender publicamente a ratificação da Constituição americana.

[163] Cf. Bruce Ackerman, *We the People, I - Foundations*, Belknap, Cambridge, Massachusetts, 1991, p. 29.

[164] Cf. James Madison, Alexander Hamilton, John Jay, *The Federalist Papers*, (org.) Isaac Kramnick, Penguin Books, 1987, p. 264.

APLICAÇÕES NO DIREITO CONSTITUCIONAL | 145

na base das suas propostas sobre organização do poder político. Esta importância foi sublinhada por Madison, num outro passo d' *O Federalista*, quando, ao comparar o governo americano com o exercício das funções políticas nas democracias directas da Grécia antiga, afirmou que «a verdadeira distinção entre estas e o governo americano reside *na total exclusão do povo na sua capacidade colectiva* de qualquer intervenção no *último* e não *na total exclusão dos representantes do povo* da administração das *primeiras*» [165].

Segundo Bruce Ackerman, os dois citados excertos d' *O Federalista* exprimem uma *concepção dualista* da democracia. Essa concepção leva implícito o reconhecimento de que o empenhamento político que caracterizou a Revolução Americana não pode prolongar-se numa forma de governo estável sem deixar de pressupor explicitamente que o acto de fundação desse sistema estável deve privilegiar a autenticidade do assentimento popular sobre a regularidade formal. Assim, poderia falar-se de uma «*política constitucional*» (*constitutional politics*) caracterizada pelos federalistas por um apelo ao bem comum e à mobilização de todos os cidadãos, que exprimiriam a sua vontade através de formas institucionais extraordinárias. Apesar de ser considerada a forma mais elevada de expressão política, esta *constitutional politics* apenas deveria dominar a vida nacional nos raros períodos em que existe uma «elevada consciência política». Pelo contrário, nos longos períodos que se sucedem entre estes momentos constitucionais deveria prevalecer uma segunda forma de actividade e expressão políticas, a que Bruce Ackerman chama «política normal» (*normal politics*) [166].

---

[165] Cf. *The Federalist*, cit., n.º 63, p. 373.

[166] Cf. Bruce Ackerman, «Neo-Federalism?», in Jon Elster e Rune Slagstad (orgs.), *Constitutionalism and Democracy*, Cambridge University Press, Cambridge, 1993, p. 162-163; *idem, We the People, I - Foundations*, p. 173-199.

146 | INTRODUÇÃO AO PENSAMENTO POLÍTICO DO SÉCULO XX

Madison reconhecia que «*deve permanecer aberto, em certas ocasiões extraordinárias, um caminho constitucional para a decisão do povo*»[167]. Todavia, a preocupação dos federalistas não seria tanto a teorização da política constitucional (*constitutional politics*) quanto a formulação dos mecanismos constitucionais através dos quais poderia fluir a política normal (*normal politics*) sem trair a herança da Revolução. Ao estabelecer este dualismo, os federalistas não consideravam estar a introduzir uma novidade, mas apenas a aproveitar um princípio já conhecido do público a que se dirigiam. Conforme afirmava Madison, «*a importante distinção, tão bem conhecida na América, entre a Constituição estabelecida pelo Povo e inalterável pelo governo e a lei estabelecida pelo governo e alterável pelo governo, parece ter sido mal compreendida e ainda menos observada em todos os outros países*»[168]. O problema que os federalistas se propunham resolver era o de, reconhecendo essa distinção, estabelecer um sistema capaz de atingir por si os resultados que o Povo apenas consegue alcançar nos raros momentos constitucionais em que os cidadãos são mobilizados e actuam segundo um espírito de *virtude pública*. Para os federalistas, é bem claro que o apelo à virtude pública não poderia nem deveria constituir o único sustentáculo do sistema político. A virtude não poderia ser o suporte constante do sistema político, mas sim o seu *impulso* inicial e o *resultado* do seu funcionamento. Deste modo, na leitura por Ackerman do pensamento dos federalistas, cada cidadão encontra-se dividido, actuando por vezes como «*cidadão* privado» dedicado à coisa pública e, outras vezes, como «cidadão *privado*» ocupado com os seus próprios assuntos[169].

---

[167] Cf. *The Federalist*, n.º 49, p. 313.

[168] Cf. *The Federalist*, n.º 53, p. 327.

[169] Cf. Bruce Ackerman, «Neo-Federalism?», in Jon Elster e Rune Slagstad (orgs.), *op. cit.*, pp. 175-177; idem, *We the People, I - Foundations*, pp. 232-235.

APLICAÇÕES NO DIREITO CONSTITUCIONAL | 147

A concepção dualista que tem vindo a ser referida exprime um dado da história constitucional norte-americana e é constitutiva do pensamento político dos federalistas, como o próprio Ackerman reconhece. A grande novidade do pensamento de Ackerman consiste, assim, não tanto em separar aquilo a ele chama os «momentos constitucionais» da «política normal», quanto em considerar esses dois momentos como expressões da tensão entre republicanismo e liberalismo na experiência política americana. Assim, ao distinguir entre uma política constitucional e uma política normal, Ackerman não só diferencia a produção de normas de nível constitucional (*higher law-making*) da produção legislativa ordinária, também caracteriza a primeira através da mobilização da cidadania e da virtude cívica, e a segunda através de uma maior concessão ao jogo do pluralismo político e económico.

Neste contexto, o Supremo Tribunal funciona como garante do legado constitucional do passado nos períodos de estabilidade política e como depositário desse legado em relação ao futuro nos momentos constitucionais. No primeiro caso, o Tribunal representa o Povo ausente perante a classe política, avaliando a produção legislativa ordinária à luz dos princípios constitucionais existentes; no segundo caso, o Tribunal deve submeter-se à nova expressão da vontade constitucional. Nesta perspectiva, salienta Bruce Ackerman na sequência dos ensinamentos contidos n'*O Federalista*, o exercício retrospectivo de interpretação do Supremo Tribunal torna-se um aspecto fundamental da concretização da soberania popular, enquanto empresa orientada para o futuro([170]).

O segundo autor a conceber o constitucionalismo americano à luz das ideias do republicanismo cívico é, como ficou dito, Frank Michelman. Michelman segue as pisadas de

---

([170]) Cf. Bruce Ackerman, *We The People, I - Foundations*, p. 264.

148 | INTRODUÇÃO AO PENSAMENTO POLÍTICO DO SÉCULO XX

Ackerman ao considerar a visão republicana do autogoverno como fundamento do direito constitucional. No entanto, os autores dessa visão empenhada da política não são os membros da comunidade nacional, mas sim os membros do Supremo Tribunal Federal. Para Michelman a alternância entre momentos constitucionais e a política normal significa, por um lado, que a comunidade republicana e activamente empenhada na política se situa sempre, ou quase, no passado, e, por outro lado, significa ainda que, no presente, os cidadãos se encontram o mais das vezes subordinados à autoridade judicial. Na verdade, como se disse, o Supremo Tribunal Federal surge na visão de Ackerman como o guardião dos momentos constitucionais do passado. É contra esta visão que Michelman se insurge. O facto de não existir uma comunidade nacional republicana, isto é, uma comunidade mobilizada composta por cidadãos politicamente activos, para além dos raros momentos constitucionais, não quer dizer que não exista um lugar permanente no sistema constitucional americano para a prática discursiva que, no entender de Michelman, constitui o autogoverno republicano[171]. Por outras palavras, o modelo republicano de Michelman pretende superar os problemas de continuidade, interpretação e revisão que minam a descrição de Ackerman[172].

Michelman começa por identificar *republicanismo* com *autogoverno*, e *autogoverno* com *liberdade*. Mas a liberdade aqui em causa não é a liberdade negativa que define o liberalismo clássico do século XIX. Pelo contrário, está em causa a liberdade positiva ligada à ideia de que as normas de uma determinada comunidade política devem ser formadas através do diálogo público de todos os envolvidos.

---

[171] Cf. Frank Michelman, «The Supreme Court, 1985 Term – Foreword: Traces of Self-Government», in *Harvard Law Review*, vol. 100, Novembro de 1986, n.º 1, pp. 65 e 74.

[172] Cf. Paul W. Khan, *op. cit.*, p. 29.

APLICAÇÕES NO DIREITO CONSTITUCIONAL | 149

O republicanismo é assim, segundo Michelman, a expressão da liberdade positiva enquanto doutrina política[173].

O segundo ponto da argumentação de Michelman é a negação de que o autogoverno republicano seja possível na política a uma escala nacional ou que a Constituição consiga instituir um modelo republicano de governo participativo no processo político nacional. Significa isto que os princípios segundo os quais a constituição americana concebeu o processo político se subordinam a uma lógica representativa e não participativa[174]. Conforme nota Michelman, os republicanos perderam o debate constitucional de 1787. Os antifederalistas opuseram-se à Constituição precisamente porque esta envolvia a criação de um governo representativo e a concomitante perda de contacto dos cidadãos com a deliberação pública necessária à manutenção de um autogoverno positivo.

É precisamente sobre estas contradições existentes entre doutrina política republicana e constitucionalismo que Michelman baseia o seu modelo republicano. A Constituição não estabelece as condições necessárias para uma cidadania republicana, mas estabelece um Supremo Tribunal republicano, ou, pelo menos, com condições para desenvolver um discurso republicano. Julgar não é principalmente a actividade de aplicar a lei ao caso concreto, mas uma actividade de autogoverno no âmbito da comunidade constituída pelo próprio tribunal. O Supremo Tribunal simboliza assim a possibilidade de autogoverno ao assumir como uma das suas funções o exercício da liberdade positiva que se encontra fora do alcance dos cidadãos comuns.

A análise realista de Michelman quanto às possibilidades de existência política de uma comunidade nacional de cidadãos em moldes republicanos contrasta com o irrealis-

---

[173] Cf. Michelman, *op. cit.*, pp. 25 e ss.
[174] Cf. Michelman, *op. cit.*, p. 57.

150 | INTRODUÇÃO AO PENSAMENTO POLÍTICO DO SÉCULO XX

mo da sua visão do Supremo Tribunal como salvaguarda da possibilidade de autogoverno. A redenção discursiva do Tribunal parece estar tão longe da realidade quanto a das outras instituições representativas e dos próprios cidadãos. Além disso, existe um evidente problema de legitimidade na tese de Michelman, que consiste em aceitar a liberdade positiva de um conjunto de nove juízes à custa da liberdade negativa de milhões de cidadãos([175]). Ou seja, para responder aos problemas de continuidade que caracterizavam a teoria de Ackerman, Michelman terá criado um problema insolúvel de *elitismo republicano*([176]).

É também este o problema do modelo republicano proposto por Cass Sunstein, o último dos autores que referi no início deste capítulo. Para Sunstein, a possibilidade de uma comunidade republicana só pode ser realizada pelo Congresso([177]).

Sunstein apoia a sua tese, antes de mais, num argumento de carácter histórico, extraído d'*O Federalista*, n.º 10, que Sunstein não vê como uma concessão da visão liberal pluralista à retórica da virtude clássica, mas como uma apropriação efectuada por Madison dos argumentos dos antifederalistas relativamente aos *perigos das facções*, isto é, aos interesses dos grupos de interesses privados e à necessidade de uma acção política baseada na *deliberação e no debate*.

A introdução do governo representativo n'*O Federalista*, a partir da extensão do princípio da representação política, era concebida como um «*substituto para a reunião de cada um*

([175]) Cf. Kahn, *op. cit.*, p. 36.

([176]) Cf. Kahn, *op. cit.*, p. 37.

([177]) Cf. Cass Sunstein, «Beyond the Republic Revival» in *The Yale Law Journal*, vol. 97, n.º 8, Julho de 1988, pp. 1539 e ss.; *idem* «The Enduring Legacy of Republicanism», in Stephen L. Elkin e Karol Edward Soltan (orgs.), *Designing Political Institutions for a Good Society*, Chicago University Press, Chicago, 1993, pp. 174 e ss.

APLICAÇÕES NO DIREITO CONSTITUCIONAL | 151

dos cidadãos em pessoa» ([178]). Mas não se tratava de um mero substituto possível; a representação política abria perspectivas sem precedentes para um governo republicano. Na verdade, só através da representação é possível alcançar o bem comum sem intromissão dos interesses particulares, ou facções (*factions*), intromissão essa que a democracia directa não impede([179]). Uma facção consiste num determinado «*número de cidadãos, quer integrando a maioria do todo, quer a minoria, que se unem e actuam de acordo com um impulso ou uma paixão comum, ou de acordo com um interesse, contrários aos direitos dos outros cidadãos, ou aos interesses permanentes e agregados da comunidade»* ([180]). Ora, um governo baseado na representação «*promete a cura»* para estes malefícios, pois a representação «*actua como uma espécie de filtro que refina e alarga as perspectivas do interesse público, fazendo-as passar por um corpo escolhido de cidadãos, cuja sabedoria melhor poderá discernir os verdadeiros interesses do seu país e cujo patriotismo e amor da justiça será menos facilmente sacrificado por considerações parciais e temporárias»*. Isto, pelo menos, era o que se dizia n' *O Federalista*([181]). Todavia, nem sempre se poderão encontrar representantes com estas qualidades. Nesta perspectiva, não só a representação permite a uma república abranger uma maior extensão de território, também essa maior extensão daria origem a uma multiplicidade e diversidade de interesses que tornariam menos provável, mesmo na ausência de representantes «esclarecidos», a respectiva articulação, dificultando-se assim uma actuação eficaz das facções([182]).

([178]) Cf. *The Federalist* (Madison), n.º 52, p. 324.

([179]) Cf. as palavras de Madison no *The Federalist*, n.º 10, p. 126: «*uma democracia pura, a qual defino como uma sociedade composta por um pequeno número de cidadãos que pessoalmente se reúne e administra o governo, não permite ultrapassar os males das facções»*.

([180]) Cf. *The Federalist* (Madison), n.º 10, p. 123.

([181]) Cf. *The Federalist* (Madison), n.º 10, p. 126.

([182]) Cf. *The Federalist* (Madison), n.º 10, pp. 125-128.

152 | INTRODUÇÃO AO PENSAMENTO POLÍTICO DO SÉCULO XX

O próprio sistema dos *checks and balances* foi pensado com base nestas considerações[183]. O princípio representativo visava não apenas instituir um governo popular, isto é, resultante de eleições, mas sobretudo responder ao problema da virtude e do combate à corrupção[184]. Mas como evitar o surgimento de um abismo intransponível entre a perspectiva do bem comum alcançada entre os membros do Congresso e a de todos os outros cidadãos que não participam nessa comunidade de discurso? Sunstein oferece poucas indicações sobre os critérios a que deverá obedecer a comunidade de discurso para que dela possa emergir o bem comum, como resultado do processo deliberativo. Bastará, para o efeito, que uma votação no Congresso seja precedida de discussão?[185]

O problema de Sunstein, como nota Paul Kahn, consiste em articular o ideal da comunidade republicana com a realidade da vida não-republicana da maioria dos cidadãos. Sunstein e Michelman equacionaram esse problema de forma institucional, Ackerman fê-lo em termos temporais, também estes traduzíveis numa forma institucional, pois o que está em causa é um problema de interpretação de um pretérito acto de «nós, o povo»[186]. Nenhum dos modelos republicanos referidos resolve, no entanto, o *problema da autoridade*, no sentido de que todos eles procuram oferecer uma imagem de autogoverno no âmbito de uma comuni-

---

[183] Cf. *The Federalist* (Madison), n.º 51, pp. 318-322, e, ainda, Cass Sunstein, «The Enduring Legacy of Republicanism», in Stephen L. Elkin e Karol E. Soltan (orgs.), *A New Constitutionalism, Designing Political Institutions for a Good Society*, Chicago University Press, Chicago, 1993, p. 186.

[184] Cass Sunstein, «Beyond the Republic Revival», in *The Yale Law Journal*, vol. 97, 1988, pp. 1558-1564;

[185] Cf. Kahn, *op. cit.*, p. 41.

[186] Cf. Kahn, *op. cit.*, pp. 42-43.

APLICAÇÕES NO DIREITO CONSTITUCIONAL | 153

dade de diálogo, mas não superam a vinculação dos cidadãos pela autoridade temporal e institucional do direito constitucional, quer esta autoridade resida no passado, no Supremo Tribunal Federal ou no Congresso([187]). O problema do republicanismo norte-americano é, pois, o do difícil convívio entre um modelo deliberativo da política e a presença incontornável da autoridade da fundação política.

Uma tentativa de suavizar esse convívio é sugerida pela evolução do pensamento de um dos autores referidos, Frank Michelman, num sentido que revela evidentes afinidades com o pensamento de Habermas. Numa reformulação do seu pensamento, Michelman afirma que a reconciliação das duas premissas do constitucionalismo – do governo «do povo pelo povo» e do governo «do povo pelas leis» – assenta na «possibilidade de uma política jurígena (*jurisgenerative politics*) capaz de imbuir o seu produto legislativo com um "sentido de validade", enquanto direito "nosso"». Ou seja, tanto o processo político quanto as suas elocuções legislativas têm de ser estruturados por forma a que todos aqueles que estejam sujeitos a tais actos legislativos possam ver-se como concordando efectivamente com elas enquanto verdadeiras *leis*. Ora, a estruturação do processo político no respeito de tais condições esbarra com a tensão existente entre o republicanismo clássico, que pressupunha um elevado grau de consenso ético entre os membros de uma comunidade, e as modernas sociedades liberais e pluralistas, de que está ausente tal consenso elevado.

O modelo republicano agora proposto por Michelman destina-se a clarificar as condições sob as quais um constitucionalismo republicano é possível numa sociedade liberal

---

([187]) Cf. Paul Kahn, *Legitimacy and History, Self-Government in American Constitutional Theory*, Yale University Press, New Haven e Londres, 1992, p. 189.

154 | INTRODUÇÃO AO PENSAMENTO POLÍTICO DO SÉCULO XX

moderna. Neste contexto, Michelman toma como ponto de partida a experiência problemática do duplo empenhamento no autogoverno e no governo das leis, e desse duplo empenhamento pretende derivar a ideia normativa de um constitucionalismo dialógico consistente, pelo menos, com essa experiência. Michelman abandona deste modo a ideia da articulação institucional do ideal republicano e introduz aquilo a que poderia chamar-se uma verdadeira «pressuposição pragmática constitucional». A sua noção de cidadania republicana é agora uma noção não-institucionalmente ancorada[188], e passa a ser considerada como uma «ideia regulativa», ou seja, algo que se deve pressupor como fundamento da actuação política. Mas nem por isso Michelman exclui a presença de um acto fundacional que permita aos cidadãos o exercício da sua autoria constitucional, sob pena de nos enredarmos numa regressão infinita de pretensões de validade[189].

---

[188] Michelman, *op. cit.*, p. 1531 fala numa «*non-state centered notion of republican citizenship*».

[189] Cf. Michelman, «Constitutional Autorship», in Larry Alexander (org.), *Constitutionalism, Philosophical Foundations*, Cambridge University Press, Cambridge, 1998, p. 91; *idem*, «How Can the People Ever Make the Laws? A Critique of Deliberative Democracy», in James Bohman e William Rehg, *Deliberative Democracy, Essays in Reason and Politics*, The MIT Press, Cambridge, Massachusetts, 1997, pp. 162 e ss.

Parte IV

A crítica da modernidade

Capítulo IX

Os fundamentos; a crítica conservadora

O pensamento político da crítica da modernidade na sequência de Nietzsche e Max Weber

Nesta última parte, vamos apreciar o pensamento de um conjunto de autores que têm como único traço comum a descrença na modernidade. Quais as raízes de tal descrença? É sem dúvida difícil responder a esta pergunta. Podemos apenas dizer que, à medida que se vai radicando a ideia democrática, isto é, a ideia de que os limites impostos à liberdade dos indivíduos devem ser apenas os que resultam de decisões públicas tomadas na sequência de uma discussão e argumentação públicas, vão-se também extremando duas atitudes filosóficas opostas em relação a esta expansão da ideia democrática. Por um lado, uma atitude que se sente atraída pela grandeza do ideal democrático, na medida em que confere finalmente ao sujeito a responsabilidade pelo seu destino; por outro, uma atitude que salienta a fragilidade dessa ideia e o vazio criado pela eliminação sistemática do lugar

158 | INTRODUÇÃO AO PENSAMENTO POLÍTICO DO SÉCULO XX

reservado às tradições na estruturação da vida humana[190].
Até agora, nas páginas anteriores, analisei o pensamento de
autores que se enquadram no âmbito da primeira atitude;
nas páginas subsequentes, veremos o pensamento de autores
que adoptam a segunda. Mas também aqui são grandes as
divergências: por um lado, num sentido mais conservador
ou de direita, autores como Leo Strauss e Alasdair MacIntyre; por outro, num sentido mais conotado com a esquerda
ou o progressismo, autores como Michel Foucault e Jacques
Derrida. Outros nomes se poderiam apontar, à esquerda e à
direita, mas nem sequer todos estes conseguirei aqui tratar.

Antes de prosseguir, gostaria de salientar dois nomes
importantes no lançamento da atitude crítica da modernidade. O primeiro é Friedrich Nietzsche (1844-1900), o filósofo da morte de Deus e da vontade de poder; o segundo é
Max Weber (1864-1920), o sociólogo que vê na modernidade um processo de desencantamento do mundo.

Da filosofia de Nietzsche, vou limitar-me a apontar alguns
aspectos centrais: o significado do antagonismo entre a arte
plástica ou apolínea e a arte musical ou dionisíaca, a distinção entre a morte de Deus e o niilismo, a crítica da moral, o
super-homem, a vontade de poder e o eterno retorno.

Numa das suas primeiras obras, *A Origem da Tragédia*,
Nietzsche traça o conflito perpétuo entre duas formas de arte
ou dois instintos impulsivos que teriam, em conjunto, gerado
a obra superior em que consiste a tragédia ática. A arte apolínea retira a sua designação do deus Apolo, o deus do sol, expressão da ordem e da clareza; a arte dionisíaca, por seu turno
tem como imagem visível Dioniso, o deus do vinho e do extâ-

---

[190] Cf. Luc Ferry, «La Critique Nitzschéenne de la Démocra-
tie», in Alain Renaut (dir.), *Histoire de la Philosophie Politique*, Tome
IV – Les Critiques de la Modernité Politique, Calmann-Lévy, Paris,
1999, pp. 372-373.

OS FUNDAMENTOS; A CRÍTICA CONSERVADORA | 159

se, convenientemente apresentados em todos os mitos gregos como tendo origem bárbara. A importância do contraste, expresso por Nietzsche através do sonho e da embriaguez[191], consiste na impossibilidade de uma vida com sentido se fazer à custa do sacrifício de um dos dois princípios.

A *morte de Deus* é talvez uma das mais famosas teses de Nietzsche. Com efeito, uma das personagens do livro *A Gaia Ciência*, o louco, afirma não apenas que Deus morreu, mas também que as igrejas não passam agora de «tumbas e sepulcros de Deus». Pior ainda, todos nós somos assassinos de Deus[192]. Se estas afirmações surgem como verdadeiras aos olhos do louco, funcionam como metáforas para Nietzsche. A morte de Deus é um evento cultural já ocorrido, mas que, tal como a morte de uma estrela distante, não é ainda visível aos olhos de todos. A crença em Deus deixou de ser possível; a ideia cristã de Deus deixou de ser uma força viva da cultura ocidental. A morte de Deus não é concebida como um fruto do ateísmo, mas um resultado do economicismo, da democracia, da disponibilidade de bens materiais para mais largas camadas da população. A morte de Deus, na opinião de Nietzsche, traz consigo o colapso dos valores ou o niilismo, na verdade, o colapso da moral europeia, construída sobre a fé cristã. O niilismo não é, no entanto, a doutrina de Nietzsche, no sentido em que, se este o diagnostica, certamente não o professa[193].

---

[191] Cf. Nietzsche, *A Origem da Tragédia*, tradução de Álvaro Ribeiro, Guimarães, Lisboa, 1954, p. 36.

[192] Cf. Nietzsche, *A Gaia Ciência*, tradução de Alfredo Margarido, 5.ª ed., Guimarães Editores, Lisboa, 1996, secção 125, pp. 140-141; Cf., ainda Nietzsche, *Assim Falava Zaratrusta*, tradução de Alfredo Margarido, Guimarães Editores, Lisboa, 1973, pp. 12, 13 e 88 ((«Todos os deuses morreram, o que queremos agora é que viva o Super-homem»).

[193] Cf. Robert C. Solomon e Kathleen M. Higgins, *What Nietzsche Really Said*, Schocken Books, Nova Iorque, 2000, pp. 19-20.

160 │INTRODUÇÃO AO PENSAMENTO POLÍTICO DO SÉCULO XX

Nietzsche *opõe-se à moral* como algo contrário à vida e que faz do homem um ser meramente gregário. Na verdade, Nietzsche opõe-se à «moral de rebanho», que promove e incentiva uma mentalidade submissa e conformista. Esta é a noção de moral subjacente ao cristianismo, que Nietzsche vitupera energicamente, mas é também, mais ainda, a noção de moral subjacente à filosofia moral secularizada, sobretudo o utilitarismo.

A alternativa à moral de rebanho consiste no *super-homem* (ou «sobre-homem», *Übermensch*) [à letra, *super-pessoa*.]. Depois de Deus ter morrido, é tempo de a humanidade estabelecer um objectivo e um sentido mais elevados para a vida humana, que passa pela superação do «meramente humano». Quem está em condições de realizar este ideal? Apenas aqueles que não são animais de rebanho: os filósofos, os artistas, os santos. A filosofia moral de Nietzsche opõe-se assim às concepções que fazem assentar a moral no mero «instinto de conservação» do homem. À identidade colectiva do *homo faber* de Marx, aquela vasta maioria cujo trabalho esgota o corpo e entorpece a mente, opõe-se o *homo creativus*, a escassa minoria que cria os valores que deliciam a mente, especialmente a mente cultivada([194]).

Para Nietzsche, a vida é *vontade de poder*. A vontade de poder é responsável pela violência e crueldade da vida humana, mas é também a força subjacente às maiores realizações do homem. Devemos por isso celebrá-la, em vez de a rejeitar.

Nietzsche é, por fim, o doutrinador do *eterno retorno*. O aspecto essencial da ideia do eterno retorno em Nietzsche não consiste numa teoria sobre a estrutura básica do tempo, mas sim num teste psicológico: como reagiríamos se as

---

([194]) Cf. Sheldon S. Wolin, *Politics and Vision: Continuity and Innovation in Western Political Thought*, edição aumentada, Princeton University Press, Princeton e Oxford, 2004, p. 474.

OS FUNDAMENTOS; A CRÍTICA CONSERVADORA | 161

nossas vidas se repetissem eternamente? O eterno retorno é uma segunda instância da afirmação da vida[195].

O segundo nome que quero invocar é o de Max Weber, o sociólogo que encara a modernização como um *processo de racionalização*. Simplesmente, na opinião de Weber existe um preço a pagar por essa racionalização, na medida em que o avanço do capitalismo propiciado pela evolução das atitudes e do sentimento religioso na época da Reforma seria um resultado não previsto e até não desejado por aqueles que intervieram no movimento reformista protestante[196]. Weber considera, por um lado, que a objectificação estratégica das relações interpessoais, que passam a ser subordinadas aos ditames de uma razão instrumental, isto é, um conceito de razão que se mostra incapaz de estabelecer fins e se limita a indicar os meios mais eficientes para atingir as metas que lhe são propostas de fora, constituiu a única via possível para a superação de formas de vidas tradicionais, baseadas no hábito e na convenção, e para a criação de condições de uma sociedade capitalista. Por outro lado, o autor entende que essa objectificação dos sistemas de acção implica que estes se autonomizam das suas fundações valorativas e se tornam independentes, seguindo a sua própria dinâmica e fazendo penetrar a razão instrumental noutras esferas da vida, ameaçando assim o sentido de liberdade individual que ajudaram inicialmente a estruturar e destruindo a própria ética religiosa que esteve na sua base[197].

---

[195] Para uma apresentação sumária, mas incisiva, do pensamento de Nietzsche, Cf. Maudemarie Clark, «Nietzsche, Friedrich», in Edward Craig, *The Shorter Routledge Encyclopedia of Philosophy*, Routledge, Londres, 2005, pp. 726 e ss.

[196] Cf. Max Weber, *A Ética Protestante e o Espírito do Capitalismo*, 3.ª ed., Editorial Presença, Lisboa, 1990, p. 59.

[197] Cf. Anthony Giddens, *Capitalismo e Moderna Teoria Social. Uma Análise das Obras de Marx, Durkheim e Max Weber*, 2.ª ed., Editorial Presença, Lisboa, 1984, p. 251.

162 | INTRODUÇÃO AO PENSAMENTO POLÍTICO DO SÉCULO XX

A recusa da modernidade em Leo Strauss

O «*problema teológico-político*» permaneceu desde muito cedo o tema por excelência das investigações de Leo Strauss, como ele próprio reconheceu([198]). Por «problema teológico-político», Strauss entendia precisamente o conflito entre filosofia e revelação, o combate entre a filosofia grega clássica e a fé bíblica. Na tensão entre estas duas formas de vida radicalmente distintas reside o segredo da vitalidade da cultura ocidental([199]), mas também o princípio da sua des-

---

([198]) Cf. Leo Strauss, «Preface to *Hobbes politische Wissenschaft*» (1965), in Leo Strauss, *Jewish Philosophy and the Crisis of Modernity: Essays and Lectures in Modern Jewish Thought*, p. 453; Cf., ainda, Daniel Tanguay, *Leo Strauss. Une Biographie Intelectuelle*, Grasset, Paris, 2003, p. 15 (livro que constitui, porventura, a melhor introdução, e não só, ao pensamento de Strauss); Heinrich Meier, *Das theologisch-politische Problem. Zum Thema von Leo Strauss*, Verlag J. B. Metzler, Stuttgart / Weimar, 2003, pp. 11-48; Steven B. Smith, «Leo Strauss: Between Athens and Jerusalem», in *The Review of Politics*, vol. 53, 1991, p. 78.

([199]) Cf. Leo Strauss, «Progress or Return?», in *idem, Jewish Philosophy and the Crisis of Modernity: Essays and Lectures in Modern Jewish Thought*, edited with an introduction by Kenneth Hart Green, State University of New York Press, Albany, 1997, pp. 117 e ss.; Steven B. Smith, «Leo Strauss: Between Athens and Jerusalem», *cit.*, p. 79. Sobre a essencialidade da oposição entre conhecimento humano e revelação divina no pensamento de Strauss, cf. ainda, deste último, *Natural Right and History*, The University of Chicago Press, Chicago e Londres, 1963, pp. 74-75; [*Direito Natural e História*, Lisboa, Edições 70, 2009] *idem*, «Jerusalem and Athens: Some Preliminary Reflections», *Studies in Platonic Political Philosophy*, The University of Chicago Press, Chicago e Londres, 1983, pp. 149-150 (é interessante aqui notar que esta essencialidade não é destituída de ambiguidades: assim, no primeiro dos dois últimos passos de Strauss citados, diz-se que o mero facto de se pretender que a filosofia e a revelação não se podem refutar mutuamente constituiria uma refutação da filosofia pela revelação; no segundo afirma-se que somos confrontados com as pretensões incompatíveis de Jerusalém e de Atenas, mas se nos definimos pela busca da sabedoria, se pro-

truição. Para Strauss esse princípio coincide com o advento da modernidade, assente na ideia de progresso, na crença da possibilidade de reconciliação entre todos os cidadãos e as suas instituições religiosas, políticas, jurídicas e sociais, entendidas como produto da vontade e não da mera necessidade. Esta reconciliação constitui também, no essencial, a promessa do cristianismo, como nota Robert Pippin[200], mas não tem correspondência alguma na filosofia clássica dos Gregos, nem tão-pouco na «velha aliança», ou seja, nas duas formas de vida de que o Ocidente, segundo Strauss, retira o seu significado profundo. Strauss efectua um diagnóstico do projecto da modernidade, que sintetiza na sua expressiva imagem das «três vagas» que o definem[201].

A irrupção do projecto filosófico da modernidade, a sua *primeira vaga*, que levou à rejeição de toda a filosofia política anterior, é atribuída por Strauss a Hobbes, ainda que a ruptura com a tradição por ele definitivamente provocada tenha sido preparada antes, de forma decisiva, por Maquiavel. Tal ruptura foi baseada na rejeição de uma *compreensão da natureza* partilhada pela filosofia clássica e pela Bíblia, por *Atenas e Jerusalém*, apesar do seu antagonismo.

Segundo a Bíblia, ao homem é reservado um lugar na natureza, e ainda que esse lugar implique o domínio de todas as criaturas terrestres, o mesmo não equivale ao domínio sobre o todo, sobre a própria natureza. Essa ideia harmoniza-se com o pensamento clássico segundo o qual a justiça consiste no respeito da ordem natural. A principal característica do

---

curamos primeiro compreender e depois agir, isso significa que já decidimos a favor de Atenas contra Jerusalém).

[200] Cf. Robert B. Pippin, «The Modern World of Leo Strauss», in Peter Graf Kielmansegg *et al.* (orgs.), *Hannah Arendt and Leo Strauss*, Cambridge University Press, Cambridge, 1995, p. 143.

[201] Cf. Leo Strauss, «The Three Waves of Modernity», in idem, *An Introduction to Political Philosophy: Tem Essays*, Wayne State University Press, Detroit, 1989, pp. 83 e ss.

164 | INTRODUÇÃO AO PENSAMENTO POLÍTICO DO SÉCULO XX

direito natural clássico, segundo Strauss, assenta no desenvolvimento da ideia de uma hierarquia das faculdades naturais do homem: tal como a razão é superior às paixões, as formas de vida assentes na razão estão supra-ordenadas em relação às restantes, e a filosofia é a forma de vida mais perfeita de acordo com a natureza do homem; do mesmo modo, o problema da política é entendido como a procura de uma forma de governo que faça prevalecer a razão nas relações dos homens em sociedade e, por isso, a justiça é o critério dessa procura[202]. Ao mesmo tempo, todavia, os clássicos tinham consciência de como a distribuição das faculdades entre os homens é fruto do acaso. O estabelecimento da sociedade política perfeita está assim dependente da sorte, no caso de Atenas — isto é, do grau de corrupção do povo que vai constituí-la — ou da providência divina, no caso de Jerusalém.

Em ruptura decisiva com este modo de ver, a partir de Hobbes e Maquiavel o estabelecimento e manutenção da

---

[202] Segundo Strauss, «*é a ordem hierárquica da constituição natural do homem que fornece a base para o direito natural, tal como os clássicos o entendiam*» e, por outro lado, «*porque o homem é por natureza social, a perfeição da sua natureza inclui a virtude social por excelência, a justiça; a justiça e o direito são naturais*» (Cf. *Natural Right and History*, cit., pp. 127 e 129). No original dos passos citados, Strauss não emprega a palavra «law», mas a palavra «right», parecendo assim pressupor uma distinção entre «natural right» e «natural law» que a língua portuguesa (tal como, de resto, as demais línguas continentais) não é apta a exprimir. Esse facto não nos isenta, no entanto, de procurar uma explicação para a diferença estabelecida por Strauss entre «natural right» e «natural law». Poder-se-ia dizer que «natural right» equivale a justiça natural, enquanto que de «natural law» apenas se pode falar quando se admite, como acontece pela primeira vez, sem ambiguidades, com os filósofos estóicos, a existência de uma providência divina que estabelece sanções divinas para o cumprimento ou incumprimento das exigências da virtude (Cf. Strauss, «On Natural Law», in *Studies in Platonic Political Philosophy*, cit., p. 141; idem, *Natural Right and History*, cit., p. 154).

OS FUNDAMENTOS; A CRÍTICA CONSERVADORA | 165

sociedade política passa a ser entendido como um *problema técnico*: não existe povo, por mais corrupto, que não possa ser governado se sujeito às instituições adequadas. É claro que esta mudança só foi possível com a emergência simultânea da ciência natural moderna, baseada na rejeição das «causas finais» [203], e de uma concepção de direito natural em que a autopreservação, o receio da morte, deixa de ocupar o lugar mais baixo na hierarquia dos fins do homem, tal como entendida na concepção clássica do direito natural, para passar a constituir o seu único princípio: «*a morte toma o lugar do* telos» [204]. A importância de Hobbes reside precisamente no facto de identificar o direito natural com o *direito de autopreservação* do indivíduo concebido como independente e prévio a qualquer obrigação ou dever. A partir deste princípio gerador, Strauss identifica de forma incisiva as principais características do *direito natural moderno*.

Em primeiro lugar, o direito natural deixa de ser tratado no âmbito da teologia ou do direito positivo, para passar a ser objecto de um *tratamento independente*, mais apropriado à ideia de que constitui um sistema dedutivo, em que as conclusões possuiriam o mesmo grau de certeza do que os princípios. Em segundo lugar, o direito natural torna-se cada vez mais direito *público* natural, uma vez que os respectivos princípios estabelecem as condições de legitimidade do poder político independentemente de um espaço ou tempo determinados, em vez de se preocupar, como sucedia com a concepção clássica, com a procura da melhor ordem política, que não é pela sua natureza realizável senão em condições muito favoráveis. Em terceiro lugar, o direito

---

[203] Isto é, de uma teleologia imanente nos seres naturais. A ideia de «causa» na ciência moderna — em especial na física de Newton, mas alargada depois por Darwin à própria biologia — corresponde à «causa eficiente» da filosofia aristotélica.

[204] Cf. Strauss, *Natural Right and History*, cit., p. 181.

166 | INTRODUÇÃO AO PENSAMENTO POLÍTICO DO SÉCULO XX

natural é inerente a um *estado de natureza* que antecede a sociedade política. Em quarto lugar, o «direito natural» tende a ser substituído pelos «*direitos do homem*», o que significa, desde logo, uma primazia dos direitos em detrimento dos deveres[205]. Em quinto e último lugar, o carácter conservador do direito natural clássico dá lugar a uma dimensão essencialmente *revolucionária* da concepção moderna[206].

As características da primeira vaga da modernidade consistem, pois, segundo Strauss, na redução do problema político e moral a um problema técnico – como é que instituímos uma sociedade a partir de indivíduos preocupados apenas com a sua sobrevivência – e na compreensão da natureza como algo que carece de ser superado pela civilização, entendida como artefacto humano. Foi justamente a crítica destas características que ocasionou a segunda vaga da modernidade, que se teria iniciado com Rousseau. Strauss demonstra que ambos os aspectos que marcaram a primeira vaga da modernidade se tornaram alvos da crítica de Rousseau[207]. Se, quanto ao primeiro aspecto, Rousseau deplora o comercialismo das modernas repúblicas, o seu propósito quanto ao segundo é o de perspectivar a socie-

---

[205] Cf. Strauss, *Natural Right and History*, cit., pp. 181-182, 228, 276; *idem, The Political Philosophy of Hobbes*, The University of Chicago Press, Chicago e Londres, 1984, p. 157. A substituição a que se alude no texto é também facilitada pela distinção permitida pela língua inglesa, referida na nota 192 supra, entre *natural law* e *natural right*, embora esta seja agora aproveitada num sentido algo diferente. Segundo Strauss, Hobbes pretenderia derivar o direito natural, no sentido de *natural law*, dos *natural rights* ou *rights of nature*, agora no plural, no sentido de direitos do homem.

[206] Cf. Strauss, «On Natural Law», in *Studies in Platonic Political Philosophy*, cit., pp. 143-144.

[207] Cf. Leo Strauss, «The Three Waves of Modernity», cit., p. 89; Richard Kennington, «Strauss's Natural Right and History», in *The Review of Metaphysics*, Setembro de 1981, vol. XXXV, n.º 1, n.º 137, p. 65.

OS FUNDAMENTOS; A CRÍTICA CONSERVADORA | 167

dade civil, não como algo que supera o estado de natureza, entendido como um estado impossível, mas como um objectivo que verdadeiramente o realiza nas condições da humanidade.

Contudo, como nota Strauss, o ataque à modernidade que Rousseau leva a cabo em nome de duas ideias clássicas, a cidade e a virtude, por um lado, e a natureza, por outro, tem o efeito de provocar um avanço da própria modernidade[208]. Isso acontece porque, desde logo, a concepção de natureza pressuposta por Rousseau se baseia num «*tipo particular de ciência teorética, isto é, a ciência natural moderna*»[209]. A partir deste pressuposto, o estado de natureza deixa de ser a medida das sociedades políticas historicamente existentes, a sua justificação, para passar a constituir a matéria na base da qual, e à margem de todas as sociedades actualmente existentes, se deveria construir a comunidade política verdadeiramente legítima. O estado de natureza já não é o cenário em que pode encontrar-se a racionalidade humana na sua pureza, mas um estado verdadeiramente sub-humano e pré-racional. É nesse sentido que deveria ser compreendida a famosa imagem do bom selvagem: o homem é por natureza bom, porque ele é por natureza aquele sub-humano capaz de se tornar bom ou mau[210].

Com base nesta concepção de natureza, criaram-se as condições para as duas transformações verdadeiramente revolucionárias operadas por Rousseau na filosofia política do

---

[208] Cf. Leo Strauss, *Natural Right and History*, cit., p. 253.

[209] Cf. Leo Strauss, *Natural Right and History*, cit., p. 263.

[210] Cf. Leo Strauss, *Natural Right and History*, cit., p. 271-272. A marca da concepção de natureza influenciada pela ciência moderna no pensamento de Rousseau encontra-se precisamente no facto de o «*abandono do estado de natureza pelo homem, o seu embarque na aventura da civilização, se ficar a dever não a um bom ou mau uso da sua liberdade ou a uma necessidade essencial, mas a causas mecânicas ou a uma série de acidentes naturais*».

168 | INTRODUÇÃO AO PENSAMENTO POLÍTICO DO SÉCULO XX

seu tempo. Em primeiro lugar, a ideia de que a racionalidade e a humanidade do homem são um produto da história e não da natureza[211]. Em segundo lugar, Rousseau recusa extrair qualquer sentido normativo do processo histórico considerado em si mesmo, uma vez que este é acidental. Mas esse sentido normativo não podia igualmente ser retirado, tal como em Hobbes, da autopreservação do homem sobreposta à sua liberdade. Só a realização incondicionada da liberdade poderia significar a actualização plena da racionalidade humana, e é essa função que o conceito de *vontade geral* é chamado a desempenhar.

Deste modo, enquanto em Hobbes e Locke a insuficiência e a contradição em que vive o homem no estado de natureza o forçam a estabelecer a sociedade política, para Rousseau o estado de natureza não é contraditório, nem insuficiente: nele o homem é feliz porque radicalmente independente, ainda que a sua condição seja aí pré-racional (ou precisamente por causa disso). A saída do estado de natureza não decorre do uso racional da sua liberdade do homem ou da intolerabilidade desse estado, mas simplesmente de uma causalidade acidental que o impossibilita, simultaneamente, sob pena de se admitir a reversibilidade da história, de regressar ao estado de bondade natural. Daí que a resposta de Rousseau à questão da virtude e da vida

---

[211] Cf. Leo Strauss, «The Three Waves of Modernity», cit., p. 90. Strauss considera que o conceito de história, isto é, o conceito do processo histórico como um processo único através do qual o homem se torna humano sem o querer, é uma consequência da radicalização levada a cabo por Rousseau do conceito hobbesiano de estado de natureza. Essa radicalização consistiu em extremar a oposição entre o estado de natureza e a sociedade: para Rousseau essa oposição não representa já a diferença entre a razão individual (o homem como animal racional) e as condições de vivência em sociedade, mas a oposição entre animal pré-racional e homem, como produto social e racional do processo histórico.

OS FUNDAMENTOS; A CRÍTICA CONSERVADORA | 169

boa consista na maior aproximação possível ao estado de natureza, depois de o homem ter acedido à racionalidade, entendida como produto da história[212]. Essa é, afinal, a promessa da vontade geral. Mas essa promessa implicou, desde logo, que a *razão* tomasse o lugar da *natureza* como padrão normativo da conduta humana.

É conhecida a enorme influência de Rousseau em Kant, que era doze anos mais novo, e na filosofia idealista alemã. Através dessa influência, foi radicalizada a noção de vontade geral e a antinomia entre natureza, por um lado, e sociedade política, razão, moral e história, por outro. Segundo Strauss, houve, no entanto, um aspecto do pensamento de Rousseau que não logrou a mesma influência. Na verdade, ao lado do *cidadão* libertado pela participação no funcionamento da vontade geral, Rousseau exaltou também a felicidade da mera existência que apenas o retorno à experiência fundamental do *homem* natural tornaria possível. Não se trata agora da razão, mas da sensibilidade, da compaixão, dos sentimentos cujo tratamento por Rousseau faz dele o fundador do romantismo. Simplesmente, a evolução da compreensão desse sentimento da existência deixou de se fazer nos moldes da visão beatífica propugnada por Rousseau, da sua ideia de união e comunhão com a natureza. É essa transformação do sentimento de existência que Strauss considera constituir a *terceira vaga da modernidade*, associada a Nietzsche, tal como a segunda o está a Rousseau e a primeira a Hobbes. O sentimento da existência assume agora a forma de uma experiência de terror e angústia, em vez de paz e harmonia, e identifica-se com um sentimento da existência histórica como necessariamente trágica. Strauss considera assim esta terceira vaga como um produto da descoberta da história, devida a Rousseau. E salienta precisamente que o pensamento de Nietzsche é o primeiro

---

[212] Cf. Leo Strauss, *Natural Right and History*, cit., p. 282.

170 | INTRODUÇÃO AO PENSAMENTO POLÍTICO DO SÉCULO XX

a confrontar-se com a rejeição da visão hegeliana da história como um processo de secularização que atingiria o seu fim com o Estado pós-revolucionário. Segundo esta visão, a essência da modernidade seria a secularização da Cristandade. A sua rejeição passou pela compreensão do processo histórico como infinito, mas manteve uma crença, agora desprovida de qualquer base, segundo afirma Strauss, na racionalidade ou no carácter progressivo desse processo. A partir daqui estariam criadas todas as condições para o lançamento de um novo projecto, o da transmutação de todos os valores, que Nietzsche procura justificar através da sua ideia da vontade de poder[213].

Neste sentido, podemos considerar Nietzsche o derradeiro representante da modernidade, ao usar contra as Luzes as armas críticas das Luzes. Nietzsche demonstrou que a crença no carácter progressivo da história, a crença no *progresso*, era desprovida de base racional (essa uma das razões de ser da teoria do eterno retorno), mas demonstrou também que quaisquer tentativas modernas *de conciliar fé e razão* estão destinadas a fracassar: não existe alternativa entre ortodoxia e Iluminismo, há apenas a alternativa entre ortodoxia e ateísmo. Nietzsche leva ao extremo a crítica da religião, mas assume claramente que o verdadeiro motivo da descrença não é teórico, antes de ordem moral. O que significa isto? Muito simplesmente a aceitação de que o pressuposto último da revelação – isto é, a existência de um Deus todo-poderoso

---

[213] Cf. Leo Strauss, «The Three Waves of Modernity», cit., pp. 94-96. Como nota Strauss, *ult. ob. cit.*, p. 97, existe uma dificuldade própria do pensamento de Nietzsche: por um lado afirma o carácter hierárquico ou aristocrático de toda a vida humana genuína; por outro lado, a sua ideia do poder infinito do super-homem contraria a noção de uma hierarquia natural entre os homens. O sentido da doutrina do eterno retorno é justamente o de possibilitar a recuperação de uma ordem social hierárquica como condição de possibilidade da existência do Sobre-Homem.

OS FUNDAMENTOS; A CRÍTICA CONSERVADORA | 171

e misterioso – é insusceptível de refutação, tanto como é insusceptível de demonstração racional. Ora, enquanto alguns representantes radicais do Iluminismo procuram superar esta fraqueza argumentativa através do escárnio, Nietzsche assume-a em toda a sua dimensão trágica[214]. Strauss retira uma conclusão política desta hipótese das três vagas da modernidade (sem cair no simplismo de atribuir aos autores por ele discutidos a responsabilidade pelo uso político das suas ideias). Para Strauss, a teoria da democracia liberal e o comunismo tiveram a sua origem, respectivamente, na primeira e segunda vagas da modernidade; a implicação política da terceira vaga consistiu no fascismo. O reconhecimento deste facto não permitiria, no entanto, um regresso puro e simples às primeiras formas do pensamento moderno, uma vez que a crítica do racionalismo não pode pura e simplesmente ser esquecida. Perante esta impossibilidade, Strauss retira aquela que pode ser considerada a sua conclusão mais forte, no plano político. Segundo ele, a democracia liberal, ao contrário do que sucede com o comunismo e com o fascismo, retira ainda um *poderoso apoio de um modo de pensar que não pode, em qualquer caso, ser chamado moderno: o pensamento pré-moderno da nossa tradição ocidental*[215]. Para Strauss, a democracia liberal ou constitucional aproxima-se mais da filosofia política clássica do que qualquer outra alternativa viável do nosso tempo[216].

Em última análise, a rejeição da filosofia clássica resulta, para Strauss, da tentação, que atribui à escolástica medieval, de harmonizar filosofia e revelação e, simultaneamente, de aproximar filosofia e opinião. A harmonização e a aproximação iniciam-se, segundo Strauss, com a subordinação

---

[214] Cf. Daniel Tanguay, *Leo Strauss*, cit., pp. 56 e 77.

[215] Cf. Leo Strauss, «The Three Waves of Modernity», cit., p. 98.

[216] Cf. Hilail Gildin, «Introduction», in Leo Strauss, *An Introduction to Political Philosophy: Ten Essays*, pp. xxiii-xxiv.

172 | INTRODUÇÃO AO PENSAMENTO POLÍTICO DO SÉCULO XX

escolástica da filosofia a doutrinas que apenas podiam ser aceites com base na fé[217], criando, dessa forma, o prece-

---

[217] Strauss, *La Persécution et l'Art d'Écrire*, tradução francesa, Presses Pocket, Paris, 1989, p. 50, referindo-se à relação entre filosofia e revelação nas diversas religiões monoteístas escreveu o seguinte: «*O reconhecimento oficial da filosofia no cristianismo submeteu a filosofia à supervisão eclesiástica. A posição precária da filosofia no mundo judaico e no mundo islâmico garantiu o seu carácter privado e, consequentemente, o seu exercício sem qualquer supervisão*». Mas Strauss vai mais longe. No seu ponto de vista, o estatuto da filosofia no judaísmo e no islamismo é semelhante àquele que tinha na Grécia clássica: «*diz-se frequentemente que a cidade grega era uma sociedade totalitária. Abrangia e regulava os costumes, o culto dos deuses, a tragédia e a comédia. Conhecia, no entanto, uma actividade que era essencialmente privada e que se situava para além da política: a filosofia. As escolas filosóficas foram elas próprias fundadas por homens sem autoridade, por homens privados. Os filósofos judeus e muçulmanos reconheciam a semelhança entre este estado de coisas e aquele que prevalecia nos seus próprios tempos. Desenvolvendo certas observações de Aristóteles, compararam a vida filosófica à vida de um eremita*» (Cf. *ibidem*, pp. 50-51). Todavia, no mesmo texto acabado de citar, Strauss explica o estatuto precário da filosofia no judaísmo e no islão com base no facto de nessas religiões, ao contrário do que sucedeu no cristianismo, a filosofia não se ter «*tornado parte integrante da formação oficialmente reconhecida e mesmo exigida para quem pretenda estudar a doutrina sagrada. Esta diferença explica parcialmente o desaparecimento a longo prazo da investigação filosófica no mundo islâmico e no mundo judeu, desaparecimento que não teve o seu equivalente no mundo cristão ocidental*» (*ibidem*, p. 48). O contraste entre estas duas afirmações exprime exemplarmente a contradição essencial de todo o pensamento de Strauss: a combinação entre razão e revelação procurada no seio do cristianismo, através justamente da escolástica, acabou por sacrificar o entendimento clássico da filosofia como actividade contemplativa e desligada do mundo e esteve na origem da modernidade; a separação entre as duas esferas ensaiada no âmbito do judaísmo e do islamismo e elogiada por Strauss conduziu simplesmente ao total desaparecimento da filosofia no mundo islâmico e no mundo judeu. A contradição é tanto maior quanto é certo que o público de Strauss se situa no âmbito da modernidade e não no mundo judaico ou islâmico (e a sua associação destes dois últimos,

OS FUNDAMENTOS; A CRÍTICA CONSERVADORA | 173

dente para que, a partir do século XVII, a filosofia se tornasse numa arma e num instrumento (de outras «fés») ([218]).
Deste modo, ao contrário do que sucede com outros críticos da modernidade (católicos) que atribuem os males da modernidade ao individualismo e nominalismo da escolástica tardia e consideram o pensamento de S. Tomás de Aquino como a expressão de um adequado equilíbrio entre razão e revelação, Leo Strauss parece fazer impender sobre toda a escolástica medieval, incluindo S. Tomás de Aquino, a responsabilidade pela quebra da separação estrita entre razão e revelação ([219]). Strauss é assim levado a explicar a irrupção da modernidade como um efeito da «ira antiteológica» provocada pela escolástica ([220]), deixando de lado a questão dos

---

embora levada a cabo num determinado horizonte histórico, não deixa também de constituir motivo de perplexidade).

([218]) Cf. Strauss, *Natural Right and History*, cit. p. 34.

([219]) Muito embora esta afirmação releve necessariamente de uma apreciação global do pensamento de Strauss, o certo é que este último não deixou de afirmar expressamente esta conexão entre escolástica e modernidade: Cf. Strauss, «Un Préambule qui n'a pas eu Lieu (Une Conférence Publique en l'Honneur de Jacob Klein à St. John's College)», in *Pourquoi Nous Restons Juifs, Révélation Biblique et Philosophie*, tradução francesa, La Table Ronde, Paris, 2001, p. 117; *idem*, «Préface aux "Philosophical Essays: Ancient, Medieval and Modern", d'Isaac Husik», in *ult. ob. cit.*, p. 246. A interpretação mais radical desta conexão pode ver-se em Clark A. Merrill, «Leo Strauss's Indictment of Christian Philosophy», in *The Review of Politics*, vol. 62, Inverno de 2000, n.º 1, pp. 77 e ss.

([220]) Cf. Strauss, «What is Political Philosophy?», in *An Introduction to Political Philosophy*, cit., p. 44; *idem*, "Marsilius of Padua", in *Liberalism Ancient and Modern*, The Chicago University Press, Chicago, 1968, p. 201. Essa «*ira antiteológica*» presente, segundo Strauss, no pensamento de Maquiavel, seria resultante da asfixia provocada pela transformação da virtude moral em caridade cristã, a qual teria tido o efeito de aumentar infinitamente a responsabilidade do homem pelos seus semelhantes mas também, ao mesmo tempo, o efeito de exigir condutas cruéis e inumanas ditadas pela preocupação com a salvação das almas.

174 | INTRODUÇÃO AO PENSAMENTO POLÍTICO DO SÉCULO XX

motivos e das origens da revolta moderna contra a antiguidade, designadamente as controvérsias escolásticas em torno do nominalismo e os problemas da heresia gnóstica[221]. Neste contexto compreende-se a sua definição da filosofia moderna como a «*forma secularizada da Cristandade*»[222], e compreende-se também o seu entendimento da secularização: por um lado, trata-se da «*preservação de pensamentos, sentimentos ou hábitos de origem bíblica, depois da perda ou atrofia da fé bíblica*»[223]; por outro, a secularização consiste na procura de uma garantia para a actualização da melhor ordem social e política, que opera através da rejeição da existência de uma ordem eterna e imutável em cujo âmbito a história se desenrola, mas que permanece intocada por ela[224].

Compreende-se, por fim, o alcance profundo da afirmação com que iniciei esta breve exposição do pensamento de Leo Strauss. O problema teológico-político é, com efeito, para Strauss, o problema central da filosofia política. À estratégia das «Luzes modernas», que procuram optar entre fé e razão, Strauss opta pela estratégia daquilo que designa por «Luzes medievais», corporizadas no pensamento de platonistas medievais como o persa Al-Farabi e o judeu Maimónides, nascido em Córdova, centradas na afirmação da *autonomia entre as duas esferas*[225]. Essa articulação, todavia, é também uma articulação dos planos de vida do filósofo, a quem caberia a razão, e do homem comum, a quem caberia a fé.

---

[221] Cf. Robert B. Pippin, «The Modern World of Leo Strauss», *cit.*, p. 147.

[222] Cf. Strauss, *On Tyranny*, (orgs.) Victor Gourevitch e Michael S. Roth, The Free Press, Nova Iorque, 1991, p. 207.

[223] Cf. Strauss, «The Three Waves of Modernity», cit., p. 83.

[224] Cf. Strauss, *On Tyranny*, cit., p. 212.

[225] Cf. Daniel Tanguay, *Leo Strauss*, cit., p. 108.

Alasdair MacIntyre e a invocação de uma impossibilidade filosófica dos direitos humanos

Tal como Strauss, também Alasdair MacIntyre deplora no projecto da modernidade a rejeição de um padrão normativo que dê significado à conduta humana mas permaneça intocado por elas, seja ele entendido como resultado da revelação divina ou de uma concepção da natureza entendida nos moldes da filosofia clássica grega. Segundo MacIntyre, «*se o carácter deontológico dos juízos morais surge como o fantasma de concepções de direito divino estranhas à metafísica da modernidade e se o seu carácter teleológico é, de modo semelhante, o fantasma de concepções da natureza e actividade humanas que são igualmente estranhas no mundo moderno, devemos esperar que os problemas de compreender e atribuir um estatuto inteligível aos juízos morais se coloquem continuamente e continuamente se mostrem resistentes a soluções filosóficas*» [226]. O fracasso da modernidade reside, na opinião do autor, na sua dupla rejeição de Aristóteles e da Bíblia.

Numa primeira fase do seu pensamento, MacIntyre escolhe Aristóteles como o protagonista contra o qual competem as vozes da modernidade [227]. Um pouco na esteira de Strauss, MacIntyre acaba por afirmar que a oposição moral crucial é a que se estabelece entre o individualismo liberal e o pensamento clássico. Dito de outro modo, a alternativa estabelece-se entre Nietzsche, cujo pensamento representa a última tentativa de o individualismo escapar às suas próprias consequências (isto é, escapar aos «pseudoconceitos» da moral moderna, como seriam os de utilidade e de direitos naturais), e a tradição aristotélica [228]. Numa segun-

---

[226] Cf. MacIntyre, *After Virtue: A Study in Moral Theory*, 2ª edição, Duckworth, Londres, 1985, p. 111.

[227] Cf. MacIntyre, *After Virtue*, cit., pp. 146, 165.

[228] Cf. MacIntyre, *After Virtue*, cit., p. 259. Aliás, também para MacIntyre, tal como vimos suceder com Strauss, a narrativa do

176 | INTRODUÇÃO AO PENSAMENTO POLÍTICO DO SÉCULO XX

da fase da narrativa de MacIntyre, não apenas Aristóteles, mas também a Bíblia, a lei divina revelada, é tomada como protagonista contra o qual compete a modernidade[229]. Se o «projecto do Iluminismo», como MacIntyre se lhe refere, concebe o indivíduo como soberano na sua autonomia moral, tem necessariamente de encontrar um novo estatuto para as regras morais, cujo conteúdo se mantém mais ou menos idêntico, mas que agora se encontram desprovidas do seu carácter teleológico e categórico, como expressões da lei divina.

O falhanço do projecto iluminista, segundo MacIntyre, decorre da sua incapacidade dupla de fundar as regras morais sobre uma nova teleologia e de encontrar um novo estatuto categórico para elas. A primeira tentativa conduziu ao utilitarismo; a segunda agrupa todos os esforços associados ao projecto kantiano de fundar as regras morais na natureza da razão prática. É conhecida a rejeição da categoria dos direitos naturais no seio do utilitarismo, categoria essa que Bentham caracterizou famosamente como «*nonsense upon stilts*» («um disparate em andas»). MacIntyre não se detém

---

falhanço do projecto da modernidade termina com Nietzsche, o qual representa «*a última tentativa do individualismo de escapar às suas próprias consequências*» (Cf. *op. e loc. cit.*), isto é, à incapacidade de ancorar numa base racional os juízos morais, depois de lhes retirar o seu fundamento numa ordem teística ou teológica. Nietzsche é assim perspectivado como o último momento representativo do desenvolvimento interno da modernidade liberal individualista.

[229] Aliás esse protagonismo comum é assumido por MacIntyre nas obras subsequentes a *After Virtue*, em que o autos nos apresenta o pensamento de S. Tomás como a síntese dialéctica da filosofia prática de Aristóteles e da perspectiva teológica de Santo Agostinho sobre a moral (Cf. MacIntyre, *Whose Justice? Which Rationality?*, Duckworth, Londres, 1988, pp. 124 e ss., esp. pp. 164 e ss.; idem, *Three Rival Versions of Moral Enquiry*, Duckworth, Londres, 1990, pp. 105 e ss.; cf., ainda *After Virtue*, cit., p. 278).

OS FUNDAMENTOS; A CRÍTICA CONSERVADORA | 177

a analisar essa rejeição, até porque a sorte da mesma acompanhou o declínio, segundo o autor, da importância filosófica do utilitarismo, de que o próprio nos dá conta. Mas, mesmo vista à margem do projecto utilitarista e inserida no projecto kantiano de fazer assentar a autoridade das regras morais no exercício da razão, MacIntyre considera a ideia de direitos humanos uma quimera, sem qualquer possibilidade de fundamentação racional[230].

A crítica que dirige à ideia de direitos, no contexto referido, é a de a mesma não se poder considerar inerente à caracterização do indivíduo como agente racional. Ainda que uma certa medida de liberdade e de bem-estar sejam pré-requisitos do exercício da razão, logo, da autonomia moral, o seu reconhecimento não implica, por si só, a existência do direito de cada um a esses bens nem do concomitante dever de não interferência que impende sobre todos os outros. A opinião de que as asserções relativas aos bens necessários ao exercício da razão são diferentes das asserções relativas à titularidade de direitos prende-se com o facto de estas, ao contrário daquelas, pressuporem a existência de um conjunto de regras socialmente estabelecido. Assim, as formas de comportamento humano pressupostas pela noção de direitos sempre tiveram um carácter socialmente local e altamente específico, e a existência de tipos particulares de instituições e práticas sociais é condição necessária para que a pretensão da titularidade de um direito seja sequer inteligível[231]. Existe, deste modo, uma assimetria intransponível entre a pretensão universalizável das características dos agentes racionais e o carácter socialmente localizado da titularidade de direitos como prática institucional.

Em última análise, em face do insucesso do projecto iluminista, os juízos morais constituem, para MacIntyre, «so-

---

[230] Cf. MacIntyre, *After Virtue*, cit., pp. 68-70.
[231] Cf. MacIntyre, *After Virtue*, cit., p. 67.

178 | INTRODUÇÃO AO PENSAMENTO POLÍTICO DO SÉCULO XX

brevivências linguísticas»([232]) das práticas do teísmo tradicional e dos modos de pensamento teleológicos clássicos. Tal como Strauss, também a narrativa de MacIntyre acaba por envolver uma denúncia da modernidade como secularização, entendida como o empobrecimento moral decorrente da continuação do uso de expressões morais cujo sentido estava dependente de uma ordem teleológica e teísta, entretanto rejeitada, e deixa de poder ser assegurado nas novas condições.

O problema de todas estas narrativas consiste, como já se afirmou, em moverem uma crítica à modernidade que tende a deixar no esquecimento os *motivos de revolta* contra o mundo pré-moderno que estiveram na sua origem. O que caracteriza de igual modo o pensamento de todos estes autores é justamente o facto de encararem a história da filosofia em termos de uma *ruptura fundamental*, em que situam as origens da modernidade. MacIntyre chega a afirmar que a visão oposta, isto é, a visão da história como uma linha de progresso constante ou de repressão permanente é própria da modernidade e de alguns seus desenvolvimentos([233]). Esta afirmação reflecte bem o ponto a que chega, nas críticas da modernidade, o esquecimento da modernidade entendida ela própria como revolta e dos valores em nome dos quais essa revolta foi levada a cabo.

Importa-nos de modo especial realçar o facto de tais críticas serem feitas em nome da necessidade de preservar uma estrita separação entre as esferas da religião e da reflexão filosófica, denunciando o projecto da modernidade como secularização, que todos estes autores entendem como a transposição indevida de categorias próprias da teologia para contextos que lhe são alheios. Ao fazê-lo, as

---

([232]) Cf. MacIntyre, *After Virtue*, cit., p. 60.
([233]) Cf. MacIntyre, *Three Rival Versions of Moral Enquiry*, cit., pp. 58-59.

críticas pretendem demonstrar, ainda que em alguns casos de forma negativa, a raiz profunda da modernidade na aplicação das categorias da reflexão filosófica à nova condição assumida pelo homem em face da revelação de um poder divino à luz do qual todos os poderes humanos se relativizam. Nesta perspectiva, Strauss e MacIntyre põem a descoberto o horizonte filosófico que verdadeiramente subjaz à crítica da modernidade em nome da pré-modernidade, isto é, a recuperação do entendimento da filosofia como a procura de uma ordem eterna, ou da causa eterna, ou causas eternas, de todas as coisas (Strauss), ou ainda a recuperação de um entendimento, não incompatível com o primeiro, da filosofia prática, na linha de Aristóteles, que propõe a substituição da linguagem abstracta dos direitos por uma linguagem das virtudes, apenas compreensível no contexto de uma prática comunitária (MacIntyre).

Capítulo X

A crítica progressista

Michel Foucault e a modernidade como projecto de poder

Para começar com um lugar-comum, não resisto a citar as páginas de abertura do famoso livro de Michel Foucault, *Surveiller et Punir*, de 1975. São-nos aí apresentadas duas descrições muito diferentes. A primeira diz respeito à condenação do regicida Robert-François Damiens e reza assim:

«Damiens tinha sido condenado, em 2 de Março de 1757, a "fazer confissão pública à porta principal da Igreja de Paris", onde deveria ser "conduzido numa carroça, nu, apenas com uma camisa, com uma tocha de cera ardente com o peso de duas libras" e, depois, "na praça de Grève, e sobre um cadafalso aí erguido, tendo na sua mão direita a faca com que cometeu o dito parricídio, será atenazado nos mamilos, coxas e barriga das pernas, queimado com fogo de enxofre, e, nos lugares onde for atenazado, será depois lançado chumbo fundido, azeite a ferver, resina ardente e cera e enxofre fundidos,

182 | INTRODUÇÃO AO PENSAMENTO POLÍTICO DO SÉCULO XX

e depois será o seu corpo esticado e desmembrado por quatro cavalos, e os seus membros e corpo consumidos pelo fogo, reduzidos a cinzas e as suas cinzas lançadas ao vento"»[234].

Foucault descreve depois pormenorizadamente os gritos lancinantes de Damiens durante a execução, as várias tentativas feitas para esquartejá-lo, a necessidade de acrescentar mais dois cavalos para o efeito, a necessidade de auxiliar o trabalho dos cavalos com o cortar à faca das coxas e dos braços do condenado, a circunstância de ainda estar vivo quando, depois de esquartejado, pegaram no seu tronco para o lançarem à fogueira.

A segunda descrição, incidindo sobre factos passados 75 anos depois do martírio de Damiens, é muito diferente. Diz respeito ao regulamento de um reformatório de 1838. Regula-se aí detalhadamente a vida dos detidos. Destaco as disposições relativas ao levantar e ao deitar. Diz a primeira:

«Ao primeiro rufo do tambor, os detidos devem levantar-se e vestir-se em silêncio, enquanto o vigilante abre as portas das celas. Ao segundo rufo devem estar de pé e fazer a sua cama. Ao terceiro, colocam-se por ordem para ir à capela onde se faz a oração da manhã. Há cinco minutos de intervalo entre cada rufo».

A segunda reza assim:

«Às sete horas e meia no Verão, às oito horas e meia no Inverno, os detidos devem ser devolvidos às células depois do lavar das mãos e da inspecção das vestimentas feitas nos cursos; ao primeiro rufo do tambor devem despir-se, e ao segundo meter-se na cama. Fecham-se as portas das celas e os vigilantes fazem a ronda nos corredores, para se assegurarem da ordem e do silêncio»[235].

---

[234] Cf. Michel Foucault, *Surveiller et Punir. Naissance de la Prison*, Gallimard, s. l., 1995 (1975), p. 9.

[235] Cf. M. Foucault, *Surveiller et Punir*, cit., pp. 12-13.

À primeira vista este contraste não nos faz hesitar: o segundo modo de punição significa um progresso enorme. Os grandes reformas do Iluminismo eliminaram a tortura legal e visavam punir sem afectar os corpos. A punição parece ter deixado de encarar o corpo como seu objecto imediato, para se dirigir à alma. O corpo passa a ser um instrumento da punição e já não o seu objecto. Mas Foucault mostra que aquilo que surge como uma humanização das penas merece também outras leituras.

A primeira descrição retrata uma execução pública, e o público tem nela um lugar indispensável, no âmbito daquilo que poderíamos designar uma «pedagogia terrorista»; pelo contrário, a segunda descrição retrata uma pena executada longe dos olhos do público e, mesmo nos casos em que se admite a pena capital, ela deve ser rápida e infalível, como sucede com a guilhotina. Isto aponta para uma outra distinção entre as duas descrições: a primeira vê a execução como um espectáculo e um espectáculo que contém um elemento de desordem, na medida em que recriava a ameaça que pretendia eliminar. Com efeito, o carrasco surge como um agente do poder real, embora partilhe a infâmia do condenado, e uma falha no desempenho da sua missão acarretava o risco de incitar a multidão a exigir que se poupasse a vida do condenado. Na verdade, a multidão era também participante nas execuções e, nessa medida, a sua presença implicava uma possibilidade de questionar a soberania.

Este carácter espectacular e aterrorizante das execuções visava compensar a excepcionalidade da punição e a sua falta de eficácia, ao mesmo tempo que a desvendava. Pelo contrário, a nova justiça penal humaniza as penas, na medida em que toma a «humanidade» como «medida» das penas. Mas à humanização está associada a necessidade que se sentiu de aumentar a eficácia das penas, movida pelo

184 | INTRODUÇÃO AO PENSAMENTO POLÍTICO DO SÉCULO XX

melhoramento do nível de vida e, consequentemente, por uma crescente intolerância dos delitos económicos[236].

Tudo isto se enquadra na passagem de uma situação em que existe um espaço de tolerância pela comissão de ilegalidades, entendido como necessário para compensar a ausência de direitos das pessoas pertencentes às classes mais baixas, para uma situação em que a *sociedade* passa a estar concebida, toda ela, como um *espaço disciplinar*. Por outras palavras, sob o signo da humanização das penas verifica-se um enorme aumento da eficácia do poder punitivo, com a efectiva submissão da sociedade a esse poder.

A sociedade disciplinar traz também consigo a emergência daquilo a que Foucault chamava a «supervisão da normalidade». Significa isto a utilização das *ciências sociais*, particularmente da psicologia, como *instrumentos de poder* nas escolas, prisões, hospitais, etc. Há ainda a destacar a emergência da *biopolítica*, outro conceito de Foucault. A biopolítica significa simplesmente que o corpo, ao mesmo tempo que deixa de ser objecto das penas, passa a ser objecto do exercício normal do poder político. Com efeito, a partir do final do século XVIII descobre-se que o poder não se exerce sobre súbditos, o que constituía a tese fundamental da monarquia, mas sim sobre a *população*, entendida não simplesmente como um grupo humano numeroso, mas como um conjunto de seres vivos regidos por processos e leis biológicas. Uma população tem uma taxa de natalidade e uma taxa de mortalidade, uma pirâmide de idade, um estado de saúde, etc. A descoberta da «população» constitui, segundo Foucault, o grande núcleo tecnológico em torno do qual os procedimentos políticos do Ocidente foram transformados. É nesse momento que aparecem os problemas da habitação, da higiene e da saúde públicas, da modificação da relação entre mortalidade e natalidade. Finalmente,

---

[236] Cf. M. Foucault, *Surveiller et Punir*, cit., pp. 88-89, 93-94.

A CRÍTICA PROGRESSISTA | 185

poderia falar-se de uma «política anatómica», respeitante à disposição das pessoas nos mais diversos contextos sociais: por exemplo, à disposição dos alunos por filas, em lugares numerados, numa sala de aula, com o objectivo de melhor os controlar[237]. É fácil de ver como as possibilidades tecnológicas do nosso tempo potenciam as mais diversas manifestações de «política anatómica».

Recuperamos a influência de Nietzsche para descortinar que o que há de comum a tudo isto é a omnipresença do poder. O poder está por todo o lado, como dizia Nietzsche, e as relações de poder não devem ser concebidas como exteriores a outros tipos de relações, designadamente as relações do direito. O direito deixa de desempenhar uma função de crítica do poder para se tornar ele próprio objecto dessa crítica[238].

Significará isto que, na obra de Foucault, a visão monolítica do poder exclui toda a possibilidade de liberdade? Na verdade, o autor reagia expressamente contra «*a ideia de que o poder é um sistema de dominação que controla tudo e não deixa qualquer lugar à liberdade*». Segundo Foucault, para que se exerça uma relação de poder é necessário que haja sempre dos dois lados ao menos uma certa forma de liberdade. Mesmo nas relações de poder desequilibradas permanece a possibilidade de resistência. Deste modo, se é verdade que «*há relações de poder através de todo o campo social, é porque há liberdade por todo o lado*»[239]. Foucault, no entanto, não deixa

---

[237] Cf. Foucault, «Les Mailles du Pouvoir», in *Dits et Écrits*, IV – 1980-1988, (dir.) Daniel Defert e François Ewald, Éditions Gallimard, Paris, 1994, pp. 192-193.

[238] Cf. Alain Renaut, «Humanisme ou Vitalisme? (M. Foucault et G. Deleuze)», in Alain Renaut (dir.), *Histoire de la Philosophie Politique*, Tome V – Les Philosophies Politiques Contemporaines (depuis 1945), cit., pp. 83 e ss.

[239] Cf. Michel Foucault, «L'Éthique du Souci de Soi comme Pratique de la Liberté», in *Dits et Écrits*, IV, cit., pp. 720-721.

186 | INTRODUÇÃO AO PENSAMENTO POLÍTICO DO SÉCULO XX

de alertar para a circunstância de o crescimento tecnológico trazer consigo novas relações de poder, precisamente em sentido contrário à grande promessa das Luzes de um crescimento simultâneo e proporcional da capacidade técnica de agir sobre as coisas e da liberdade dos indivíduos uns em relação aos outros. A questão que coloca permanece, sem dúvida, pertinente: «*como desligar o crescimento das capacidades e a intensificação das relações de poder?*» ([240])

([240]) Cf. Michel Foucault, «Qu'est-ce que les Lumières?», in *Dits et Écrits*, IV, cit., pp. 575-576. Cf., ainda, Thomas L. Dumm, *Michel Foucault and the Politics of Freedom*, Sage Publications, Thousand Oaks, 1996, pp. 141 e ss.

Epílogo

Uma das características mais marcantes do pensamento político do século XX consiste na tentativa de se constituir como um *pensar enquanto política* e já não simplesmente como um teórico *pensar sobre a política*[241]. Encontrámos importantes concretizações desta tendência no pensamento de John Rawls e, mais ainda e com maior profundidade, no de Hannah Arendt. Estará aí, porventura, a consciência da necessidade de não deixar de fora das nossas reflexões sobre a política a presença irredutível do impulso dionisíaco e, ao mesmo tempo, de o conter. Mas estará também aí presente a compreensão da lição do mocho de Minerva (da comédia de ideias de Steven Lukes), que mencionei no início, sobre o sentido da cadeia indissolúvel que liga todos os valores humanos: quando perseguimos um deles é desastroso perder de vista os demais, mesmo que não os possamos acomodar num sistema teórico coerente e válido para todos os casos.

O que a nossa compreensão deste ensinamento encerra de novo, depois do tormentoso século XX, é a sua verdade

---

[241] Cf. Phillip Hansen, *Hannah Arendt: Politics, History and Citizenship*, Polity Press, Cambridge, 1993, p. 197.

188 | INTRODUÇÃO AO PENSAMENTO POLÍTICO DO SÉCULO XX

não tanto em condições que se afigurem auspiciosas, mas sobretudo nas condições mais terríveis que é possível imaginar. Que isto assim é, sabêmo-lo graças às narrativas de Primo Levi sobre a sua experiência em Auschwitz. Diz-nos ele: «Todos descobrem, mais tarde ou mais cedo na vida, que a felicidade perfeita não é realizável, mas poucos se detêm a pensar na consideração oposta: que também uma infelicidade perfeita é, igualmente, não realizável. Os momentos que se opõem à realização de ambos os estados-limites são da mesma natureza: resultam da nossa condição humana, que é inimiga de tudo o que é infinito. Opõe-se-lhe o nosso sempre insuficiente conhecimento do futuro; e a isto se chama, num caso, esperança; no outro, incerteza do amanhã. Opõe-se-lhe a certeza da morte, que impõe um limite a qualquer alegria, mas também a qualquer dor. Opõem-se-lhes as inegáveis preocupações materiais que, assim como poluem qualquer felicidade duradoura, também distraem assiduamente a nossa atenção da desgraça que paira sobre nós, e tornam fragmentária e, por isso mesmo, suportável, a consciência dela.» ([242])

([242]) Cf. Primo Levi, *Se Isto é um Homem,* tradução de Simonetta Cabrita Neto (do original italiano *Se Questo è un Uomo,* de 1958), Teorema, Lisboa, 1988, p. 15.

Índice

Introdução 7

Parte I - O horizonte: o utilitarismo e o pensamento de Marx 13

Capítulo I - O utilitarismo 15
As grandes linhas de força do pensamento político na passagem do século XIX para o século XX 15
Atractivos do utilitarismo enquanto teoria política da moral: secularismo, consequencialismo e construtivismo 16
Definições de utilidade 18
Utilitarismo de regras e de actos 20
Utilitarismo e separação das pessoas 21
Utilitarismo enquanto teoria da igualdade e utilitarismo teleológico 23
Utilitarismo e igualdade 24
Utilitarismo e radicalismo: ontem e hoje 26

190 | INTRODUÇÃO AO PENSAMENTO POLÍTICO DO SÉCULO XX

Capítulo II - Karl Marx 29
Marx e o cânone ocidental 29
A teoria materialista da história 32
A teoria da mais-valia 33

Parte II - Os liberalismos: Rawls, Dworkin e Nozick 37

Capítulo III - John Rawls: a justiça como equidade 39
As novas vestes do contratualismo 39
A justiça e o contrato hipotético 40
Quatro partes no argumento de Rawls 41
As condições da posição original 42
Os princípios da justiça escolhidos pelas partes
na posição original 44
Os princípios relativos aos sujeitos individuais 50
A transformação pluralista de Rawls 54
Crítica dos dois princípios da justiça 58

**Capítulo IV - Ronald Dworkin: a justiça como
igualdade responsável** 65
Igualdade e responsabilidade individual 65
O liberalismo igualitário de Ronald Dworkin 67

**Capítulo V - Robert Nozick: a justiça como titula-
ridade** 79
Robert Nozick e o libertarismo: a crítica da jus-
tiça distributiva 79
A teoria da justiça como titularidade 82
O Estado mínimo e a utopia 85

**Capítulo VI - As reacções perfeccionista e comuni-
tarista** 91
O liberalismo neutral 91
O liberalismo perfeccionista 96
A crítica comunitarista: a pobreza do eu liberal... 104

ÍNDICE | 191

Continuação: vínculos comunitários 107
Continuação: justiça e pluralismo 113

Parte III - As concepções deliberativas da política..... 117

Capítulo VII - Os fundamentos teóricos 119
As concepções deliberativas da política: intro-
dução 119
Hannah Arendt e o republicanismo clássico 120
Habermas: uma teoria discursiva da democracia. 128
A liberdade republicana 134
A crítica feminista 140

Capítulo VIII - Aplicações no direito constitucional..143
O republicanismo e a Constituição 143

Parte IV - A crítica da modernidade 155

**Capítulo IX – Os fundamentos; a crítica conserva-
dora** 157
O pensamento político da crítica da modernida-
de na sequência de Nietzsche e Max Weber 157
A recusa da modernidade em Leo Strauss 162
Alasdair MacIntyre e a invocação de uma impossibilidade filosófica dos direitos humanos . 175

Capítulo X – A crítica progressista 181
Michel Foucault e a modernidade como pro-
jecto de poder 181

Epílogo 187